Heinrich Dickerhoff

Daß wir Zärtlichkeit nicht gottlos nennen

Heinrich Dickerhoff

Daß wir Zärtlichkeit nicht gottlos nennen

Zur Versöhnung von Christentum und Sexualität

echter

CIP-Titelaufnahme der Deutschen Bibliothek

Dickerhoff, Heinrich:
Daß wir Zärtlichkeit nicht gottlos nennen : zur Versöhnung
von Christentum und Sexualität / Heinrich Dickerhoff. –
2. Aufl. – Würzburg : Echter, 1990
    ISBN 3-429-01195-7

Mitglied der Verlagsgruppe »engagement«

2. Aufl.
© 1989 Echter Verlag Würzburg
Umschlag: Ernst Loew
Gesamtherstellung: Echter Würzburg,
Fränkische Gesellschaftsdruckerei und Verlag GmbH
ISBN 3-429-01195-7

Inhalt

Für Christine

Ob Gott diese Welt noch liebt
das ist die Frage

Und Seine Antwort
für mich
bist du

Der Cherub an der Pforte
zum Paradies
hat das Flammenschwert
eingetauscht
gegen ein Lächeln

Mit dir möchte ich
kopfschüttelnd
die Schlange streicheln

Vorbemerkungen

Viele Jahrhunderte lang wurde die menschliche Ursehn-
sucht nach Zärtlichkeit im Namen des Glaubens herabge-
würdigt, verdrängt und niedergekämpft. In unserem Zeitalter ist der Gegenschlag zu beobachten. Nicht zuletzt im
Namen der sexuellen Befreiung des Menschen wurde die
kirchliche Glaubensverkündigung angegriffen, verdächtigt
und entmachtet. Heute, so scheint es, ist diese jahrhunder-
telange Schlacht in Angriff und Gegenangriff vorbei. Nicht
daß ein Frieden geschlossen ist oder auch nur ein Waffen-
stillstand, der zu vernünftigen Verhandlungen genutzt
wird. Vielmehr ist die »kirchliche Front« völlig überrannt
– und wird doch aufrechterhalten, als sei nichts geschehen, als sei das Empfinden, Denken und Verhalten der
Männer und Frauen noch wie vor dem Sturm, als sei die
Kontrolle von Seele und Gewissen nicht ebenso zusam-
mengebrochen wie die Herrschaft über Gesetze und öffentliche Meinung. Unverdrossen stellen sich kirchenamtliche Lehrschreiben den Problemen, die – zumindest in
den Nachkriegsgenerationen – kaum noch jemand hat.
Derweil beginnt die auf allen Feldern triumphierende
»sexuelle Revolution« ihre Kinder zu fressen.
Die Theologie aber schweigt dazu. Für keinen der großen
theologischen Denker unserer Tage ist die menschliche
Zärtlichkeit, ihr Gelingen und Scheitern, ein Thema. Die
Erinnerung an die Irrungen und Wirrungen der Moraltheologie hat sie, so scheint es, zum Schweigen gebracht.
Und das gleiche Schweigen breitet sich in der Seelsorge
aus; ging es früher fast nur um das »sechste Gebot«, so
wird man heute kaum noch hören, daß ein Prediger sich
heranwagt an Fragen der menschlichen Sexualität.
Dieses Buch ist ein Versuch, das Schweigen zu durchbre-
chen. Dabei knüpft es nicht an die moraltheologischen

Traditionen an und will auch keine Versöhnung bewirken zwischen überliefertem Glauben und liberalisierter sexueller Praxis. Es will vielmehr ein Versuch sein, der Gegenwart Gottes innezuwerden in der menschlichen Zärtlichkeit.

Es geht also in diesem Buch zuerst und in allem um Religion. Um eine bestimmte Weise also, sein Leben und die Welt anzuschauen und einzuordnen in einen größeren Zusammenhang. Diese Sicht- und Verhaltensweise, die wir Christen »Glauben« nennen, soll beschrieben werden als Schwester und Mutter und Tochter der Liebe. Und damit ist hier nicht jene allgemeine, eher abstrakte und häufig so leidenschaftslose Liebe gemeint, die in der Kirche so oft erwähnt wird, sondern die leidenschaftliche und leibhaftige Zärtlichkeit der Liebe zwischen Mann und Frau.

Die Verwandtschaft zwischen solcher Zärtlichkeit und meinem christlichen Glauben habe ich nicht am Schreibtisch entdeckt, sondern in einer Liebesgeschichte, die mir auch zur Glaubensgeschichte wurde. Wenn ich ein Dichter wäre, dann könnte ich vielleicht im Erzählen dieser Liebesgeschichte Glauben und Zärtlichkeit zusammenbinden. Als Theologe muß ich einen anderen Weg beschreiten und beschreiben; ich will versuchen, mit den Bildern und Erfahrungen, den Argumenten und der Sprache der biblischen und kirchlichen Überlieferung nachzuzeichnen, was Christen entdecken dürfen und entdecken können, wenn sie aus und im Glauben zärtlich und zärtlich Glaubende sind.

Zwei Vorbemerkungen sollen zunächst verdeutlichen, wie ich die Ausgangslage, also das heutige Verhältnis von Glauben und Zärtlichkeit, sehe und welche grundsätzlichen Absichten dieses Buch hat, was die »leitenden Interessen« meines Nachdenkens sind.

1. *Die Ausgangslage*

(1) Bis heute prägt ein tiefer Widerspruch zwischen Glauben und Geschlechtlichkeit das Denken, Fühlen und Verhalten vieler Christen. In seinem Buch »Religion und Eros« hat der vergessene deutsche Philosoph Walter Schubart, der für mich wichtigste Vordenker, dieses Problem schon vor 50 Jahren erkannt und benannt: »Das Religiöse und das Geschlechtliche«, schrieb er, »sind die beiden stärksten Lebensmächte. Wer sie für ursprüngliche Widersacher hält, lehrt die ewige Zwiespältigkeit der Seele. Wer sie zu unversöhnlichen Feinden macht, zerreißt das menschliche Herz. Und es ist zerrissen worden. Wer über Religion und Erotik nachdenkt, muß den Finger an eine der schmerzlichsten Wunden legen, die in der Tiefe des Menschen bluten.[1]«

Und bis heute sind die beiden großen, lebensfördernden Sehnsüchte der Menschen – die Sehnsucht nach der unendlichen Liebe und dem unendlichen Sinn wie die Sehnsucht nach der ganz nahen Liebe und dem Sinn, den sie schenkt – unversöhnt und unverbunden. Dabei, so müssen wir feststellen, ist dieser Gegensatz nirgends so gefordert und gefördert worden wie im Einflußbereich des Christentums, der Religion also, die am meisten von Liebe spricht und auf Liebe abzielt. Verheerend hat sich dieser Gegensatz, diese Feindschaft ausgewirkt; sie hat das Lieben wie das Glauben vieler Menschen belastet und verbittert und so auf ihr gesamtes Leben und Zusammenleben einen langen Schatten geworfen.

(2) Durch eine ganz bestimmte Gewichtung und Ausrichtung kirchlicher Verkündigung und kirchlich geprägter Erziehung wurden ganze Generationen von Christen ihrer eigenen Geschlechtlichkeit entfremdet. Was doch zu ihrer Natur gehörte und ihrer Geschöpflichkeit untrennbar verbunden war, wurde im Namen Gottes geächtet. Ihre Sehnsucht nach Zärtlichkeit durften sie nicht wachsen lassen

und konnten sie deshalb nicht kultivieren. Nicht wie diese Sehnsucht und Begabung sich entwickeln und aufblühen kann und darf zum »Heil«, zum Ganz-Sein des Menschen lernten sie in Kirche, Schule und Elternhaus, sondern meist, daß und wie sie kleingehalten, beschnitten, ja vielleicht gar ausgelöscht werden könne. Trotz bester Absicht der Verkündiger hat deshalb ein großer Teil der kirchlichen Verkündigung über den Umgang mit der Lebenskraft Sexualität nicht geholfen, sondern krank gemacht; sie hat nicht die Integration der Geschlechtlichkeit in Persönlichkeitsentwicklung und Lebensgestaltung bewirkt, sondern Verdrängung und Verkrampfung. Bis heute sind Christenmenschen, die hier in ihrer Seele wie in ihrer Beziehungsfähigkeit behindert und verkümmert sind, gar nicht so selten anzutreffen.

(3) Doch häufiger läßt sich heute schon der umgekehrte Entfremdungsprozeß beobachten: Nicht die Kirchlichkeit behindert die sexuelle Entfaltung, sondern die Ablehnung kirchlicher Vorstellungen gerade in diesem Bereich führt zu allgemeiner Distanz zur Kirche. Es gibt kein anderes Themenfeld, keinen anderen Lebensbereich, wo die Trennung von Kirche und kirchlicher Sicht- und Lebensweise so deutlich sichtbar ist; hier beginnt sie zumeist, hier ist sie am weitesten fortgeschritten selbst bei praktizierenden Katholiken, bei »treuen Kirchgängern«. Und nirgends ist deshalb auch der kirchliche Autoritätsverlust, ja Autoritätszerfall größer. Bedenklich an dieser Autoritätskrise ist, daß sie eine wachsende Bedeutungslosigkeit von Glauben und Kirche für die ganz persönlichen Überzeugungen und die praktische Lebensgestaltung zur Folge hat. Gerade in dem Lebensbereich, der für die meisten Menschen mit den größten Glückserwartungen einerseits und den tiefsten Ängsten andererseits verbunden ist, in dem sie also besonders empfindsam sind für die Erfahrung von Heil, Scheitern und Schuld, wird von der Kirche und ihrer Botschaft kaum noch etwas erwartet. Und der an zentraler Stelle auf-

gebrochene Wirklichkeitsverlust des Glaubens setzt sich fort.

(4) Keine angemessene und hilfreiche Antwort auf diese Situation ist der heute häufig zu hörende Verweis auf die »Gewissensfreiheit«; denn der Kompromiß, der sich hinter diesem Stichwort verbirgt, hat wenig zu tun mit bewußter und persönlich verantworteter Entscheidung zu christlich gedeuteter und gelebter Sexualität. Vielmehr erspart er den Amtsträgern die Auseinandersetzung mit den alten Normen und den Gläubigen, die sich an diese offiziell unverändert gültigen Normen nicht mehr halten, das »schlechte Gewissen«, das sie womöglich auf Distanz zur Kirche bringen könnte.[2] So kann theoretisch alles beim Alten bleiben und doch das praktische Verhalten in die mehr oder weniger beliebige, jedenfalls nur sehr selten christlich begründete Entscheidung des Einzelnen gestellt werden.[3]

Man kann es freilich auch schärfer formulieren: Durch den Rückzug auf faktisch bedeutungslose und theologisch zumindest nicht unstrittige Normen werden zahllose Christen um den Rat und die Hilfe gebracht, die der Glauben ihnen auch für die Deutung und Gestaltung ihrer Sexualität geben könnte; und sie sind den mächtigen neuen Normen unserer Konsum- und Leistungsgesellschaft um so mehr ausgeliefert.

2. Absichten

Dieser Versuch, Glauben und Zärtlichkeit zusammenzusehen, will helfen, der Zerstörung der Zärtlichkeit zu widerstehen, und zwar mit den Waffen der Religion. Er will aber auch zum Widerstand rufen gegen die Zerstörung des Religiösen, und zwar im Rückgriff auf die Sehnsucht nach und die Erfahrungem mit der menschlichen Zärtlichkeit. Es geht also nicht darum, Christen »aufzuklären« und zu mehr »erotischer Phantasie« anzustiften[4] oder sie gar zu ei-

ner grundsätzlichen »Emanzipation« von den überkomme-
nen sexuellen Vorstellungen und Verhaltensweisen aufzu-
rufen[5]; es geht aber auch nicht um eine theoretische Verteidigung der Institution Ehe oder um eine praktische Hin-
führung zu ihr als dem einzig legitimen Ort zwischenge-
schlechtlicher Zärtlichkeit. Mir geht es hier um den »Erfahrungshorizont« Zärtlichkeit, Geschlechtlichkeit, Eros,
der den »Erfahrungshorizont« Ehe einschließt, aber doch
umfassender und elementarer ist. Wenn später doch ausdrücklich auf die Ehe eingegangen wird, dann ist das »Ehe-
sakrament« gemeint, also die als Gotteszeichen und Got-
teswort gedeutete und erfahrene Liebe zwischen Mann
und Frau.
So sind es drei Grundanliegen, zu deren Verwirklichung
ich mit den schwachen Mitteln theologischer Argumentation und Bewußtseinsbildung etwas beitragen möchte:

Die Heilung der alten Wunde

Zerrissenheit ist das Schicksal des Menschen, sobald er das
Paradies der fraglosen Übereinstimmung mit dem Leben
verliert. Entfremdet ist er seiner Mitwelt, abgesondert von
den Mitmenschen; und die Zerrissenheit ist nicht nur um
ihn, sondern ebenso in ihm.
Religion ist ihrem Wesen nach Heilmittel. Sie erinnert,
daß das Leben ganz und heil sein kann, und sie verheißt,
daß es heil sein wird. Und schon jetzt, in einer unheilvol-
len Welt, gibt sie einen Vorgeschmack des Heils, beginnt
sie zu heilen.
Die erotische Erfahrung des Menschen kann der religiösen
in dieser Hinsicht sehr ähnlich werden; auch sie ist Erinnerung und Verheißung des Heilseins, der Vereinigung des
Entzweiten, und zugleich Beginn der Heilung. »Beide, Religion und Sexualität, heilen, weil sie die Kluft zwischen
uns und der Welt schließen«[6], schreibt Dorothee Sölle.
Und doch sieht es für viele Christen so aus, als seien diese

14

beiden Heilmittel unverträglich, als seien sie wie Gift und Gegengift. Gerade Menschen, die an die von der Kirche verkündete Liebe Gottes glaubten, mißtrauten der menschlichen Zärtlichkeit und Liebessehnsucht. Sie schien eher Schwäche als Stärke, eher eine schier unheilbare Krankheit denn ein Geschenk des Himmels. Die Scheu, mit der empfindsame Menschen zu Recht und zu allen Zeiten dem Zauber der leibhaftigen Liebe begegneten, verwandelte sich oft genug in Abscheu. Und die gewiß richtige Einsicht, daß die menschliche Geschlechtlichkeit nicht einfach etwas »Natürliches« ist wie etwa der Stoffwechsel, rief weniger dankbares Staunen als Angst, Scham und Ekel hervor. Und wenn heute der »Kopf« bei den meisten Christen »aufgeklärt« und die Sexualfeindschaft damit ihrer bewußten Macht enthoben wurde, so ist sie doch nicht aus den Seelen verschwunden; sie lebt weiter in der Tiefe, in vielen Ängsten und Unsicherheiten, behindert nach wie vor das Wachsen und Heilwerden vieler.

Theologie als bewußte Ver-Antwortung des Glaubens ist verpflichtet, die »Entsorgung« dieser Altlasten nicht nur der Psychotherapie oder gar den selbsternannten »Volksaufklärern« in unserer Öffentlichkeit zu überlassen, sondern Schäden wiedergutzumachen, die im Namen der Kirche verursacht wurden, und Wunden zu heilen, die im Namen Gottes geschlagen wurden. Und sie kann, so scheint mir, einen unersetzlichen Beitrag liefern, wenn sie vordenkt und ermutigt, Gott gerade auch in der so wichtigen Wirklichkeit menschlicher Zärtlichkeit zu entdecken.

Dies wird freilich nur einer Theologie möglich sein, die sich nicht als eine Form der Moral, sondern als eine Ausdrucksweise der Religion versteht. Und dazwischen liegen Welten. Religion ist nicht Moral.[7] Moral lehrt und fordert, wie der Mensch sein muß, damit er sein darf. Religion hingegen beschwört, wer der Mensch ist, damit er entdeckt, wie er sein kann. Läßt Kirche sich nicht vom neuzeitlichen Nützlichkeitsdenken in die Rolle der moralischen

Besserungsinstanz drängen, dann muß sie deutlich machen, daß es ihr immer mehr um die Erlösung als um die Erziehung des Menschen geht, daß ihr das Heilen wichtiger ist als das Belehren und der Friedenskuß wichtiger als der erhobene Zeigefinger. Und dies gilt auch, ja gerade im Lebensbereich Sexualität; heilsam wird hier nur eine Glaubensverkündigung sein, die sich nicht als »Gesetz« gebärdet, sondern über der Sehnsucht nach und den Erfahrungen von Zärtlichkeit das Evangelium ausruft von der unendlichen Liebe, die unser endliches Lieben trägt, von der leidenschaftlichen Zuneigung Gottes, die stärker ist als unsere Berührungsängste.

Die »Entdeckung« Gottes im »Sakrament der Zärtlichkeit«

Unsere erste Absicht ist es, die religiösen Kräfte und Hoffnungen nicht gegen die menschliche Sexualität zu stellen, sondern sie miteinander zu versöhnen zum Heilwerden der menschlichen Seele und Lebensgestaltung. Aber mit dieser »therapeutischen« Absicht verbindet sich eine theologische. Wenn wir lernen, Gott zusammenzusehen mit den Erfahrungen der Zärtlichkeit, dann werden wir diese entdecken als ein »Sakrament«, als einen Ausdruck Seiner Gnade, Seiner »Großen Zuneigung« zu allem Leben; sie wird zum Zeichen, das uns unendliche und uneingeschränkte Liebe als Grund und Ziel allen Lebens bezeugt, verheißt und vergegenwärtigt.

»Gott hat etwas damit gemeint, als er den Menschen als Mann und Frau erschuf«[8], lautet die erste Einsicht einer Zusammenschau von Glauben und Zärtlichkeit. Und Er hat damit nicht Zerrissenheit und Entzweiung gemeint, wie es der bekannte platonische Mythos lehrt, sondern Zeichen der Vereinigung, der Liebe und des neuen Lebens. Er hat mehr gemeint als die zweifellos wichtigen und guten »menschlichen« Möglichkeiten, die im Miteinander

16

und Zueinander von Mann und Frau liegen, mehr als »Selbstbestätigung« und »Zuweisung sozialer Rollen«, mehr als »Förderung der personalen Entwicklung«, mehr als »Erfahrung der Annahme und Lust«, mehr als »Kinderzeugung und -erziehung«[9]. In unserer Sehnsucht nach und Fähigkeiten zur Zärtlichkeit, »im Eros gab Gott den Menschen ein Mittel der Erlösung und sich selbst ein Mittel der Offenbarung an die Hand«[10]. Diese Grundthese Walter Schubarts mag angesichts der traditionellen Beurteilung der Sexualität wie der gängigen Gottesvorstellung in der Christenheit fremd klingen oder sogar ketzerisch. Aber liegt das nicht vor allem an der Erfahrungsarmut und Leidenschafts-, ja Lieblosigkeit unseres religiösen Denkens und Empfindens? Ist nicht die Liebe zwischen Mann und Frau für ungezählte Menschen die »himmlischste« Erfahrung und Hoffnung ihres Lebens trotz der offenkundigen Begrenztheit menschlicher Liebesgeschichten? Und ist »Liebe« nicht auch das Schlüsselwort, das denen, die bei Jesus in die Schule gehen, die Wirklichkeit Gottes erschließt? »Freunde, laßt uns einander lieben! Denn die Liebe ist aus Gott« heißt es im 1. Johannesbrief. »Und jeder, der liebt, ist aus Gott geboren und erkennt Gott. Wer nicht liebt, hat Gott nicht erkannt, denn Gott ist die Liebe« (4, 7–8). Liebe ist demnach nicht nur der uns aufgetragene Wille Gottes, sondern Sein Wesen, Seine Wirklichkeit; und »gotterkennend« ist nicht nur die Liebe des Menschen zu Gott, sondern alles zwischenmenschliche Lieben. »Gott begegnet in jeder Form menschlicher Liebe, und er begegnet nicht außerhalb von ihr«[11]. Natürlich ist die Liebe, von der das Neue Testament handelt, nicht einfach die erotische Liebe, sondern eine Grundhaltung, die das Ja Gottes zu allem Leben annimmt, aufnimmt und weitergibt. Aber die erotische Liebe ist damit keineswegs ausgeschlossen; sie ist vielleicht nicht die Höchstform menschlicher Liebe und nicht der Endpunkt der Überwindung der Ich-Bezogenheit und Absonderung des Einzelnen. Doch sie ist die elementarste und spontanste Begegnung mit der Macht der Liebe; auch sie zeigt uns die Sünde der Vereinzelung und die Sehnsucht nach Vereinigung, auch sie läßt uns die Einheit allen Seins ahnen und bricht die Grenzen des Ichs auf. Nicht allein die erotische Liebe ist eine Möglichkeit der »Gotteserkenntnis« und Gotteserfahrung, und gewiß nicht jede Liebesgeschichte ist auch eine Glaubenserfahrung und ein Ort Gottes. Und doch kann die Erfahrung tiefer und echter Zärtlichkeit, die Erfahrung der Vereinigung von Leben, Leib und Seele zweier Menschen »Sakrament« des hingebungsvollen und leidenschaftlichen Gottes sein, von dessen Zärtlichkeit und »Huld«[12] uns die Bibel erzählt.

Mit solcher Wiederentdeckung Gottes in Liebe und Zärtlichkeit ist freilich das gängige Gottesbild in Frage gestellt. Wenn für viele Christen »Gott« zunächst verbunden war mit Gefühlen der Angst, dann auch deshalb, weil ihre eigene Geschlechtlichkeit ihnen Angst machte. Sie erschien als eine Kraft in ihnen, die sie nicht einzuordnen wußten, die sie aber unverstandenen Regeln und nicht ihrem eigenen Lebenswillen folgend niederkämpfen sollten. Nicht selten wurde das Leben dabei zu einem aussichtslosen Kampf gegen die eigene Leiblichkeit, einem Kampf gegen einen übermächtigen Gegner. Und dieser Kampf fand statt unter den unnachsichtigen Augen eines noch mächtigeren Richters, dem man weder genügen noch entkommen konnte. Geriet man mit den Normen und Vorschriften in Konflikt – und besonders leicht, ja unausweichlich konnte dies geschehen beim »sechsten Gebot« –, so wußte man sich zugleich im Konflikt mit Gott selbst, im Stand der Todsünde, die das eigene Leben endgültig in Frage stellte. Rebellierte man gegen die ständige Einengung und Bevormundung, dann rebellierte man auch gegen den diese Normen garantierenden Gott. Zerbrach man das verinnerlichte Normensystem, so war damit zumeist auch die Bedeutsamkeit des mit den Normen identifizierten Gottes gebrochen, und Kirche wie Gott wurden zugleich mit den Geboten abgeschüttelt und verworfen.

Wenn die Kirche die Menschen weder in der Sklaverei falscher Gottesbilder belassen noch sie in die kalte Leere einer gott- und geheimnisfreien Welt entlassen will, dann wird sie um Gottes und der Menschen Willen sich deutlicher zu jenen Überlieferungen, Erinnerungen und Gotteserfahrungen bekennen müssen, in denen Er eher zärtlich als mächtig, eher werbend als verurteilend, gar nicht distanziert, sondern leidenschaftlich und nah ist, mehr Liebhaber als Machthaber. Und dieses Bekenntnis wird nicht möglich sein ohne Christen, die Ihn in ihrer Liebe und Zärtlichkeit erspüren und andeuten.

Zärtliche Frömmigkeit – fromme Zärtlichkeit

Eine neue Zusammenschau und Zusammenbindung von Glauben und Zärtlichkeit kann nicht allein und nicht zuerst Aufgabe der zölibatär lebenden Vordenker und Verantwortlichen in der Kirche sein. Zwar mag auch ein ehelos lebender Christ gerade aus der Distanz heraus Wichtiges zum sexuellen Miteinander sagen, doch wird er kaum die ihm ja fremde Zärtlichkeit zwischen Mann und Frau als Ort Gottes entdecken oder nachempfinden können. »Man muß letztlich die Verwandtschaft von Religion und Erotik erlebt haben, um sie beschreiben und deuten zu können«[13]. Ein tatsächliches religiöses Verstehen menschlicher Zärtlichkeit, menschlichen Strebens nach Vereinigung und des darin begründeten Heils und Elends ist in erster Linie denen aufgegeben, die den Weg dieses Miteinanders durchlebt und wohl auch durchlitten haben: Nur in der eigenen Liebesgeschichte – und hier sind Liebes- und Leiderfahrung eng verwandt – ist Paradies und Sündenfall zu entdecken, Heil und Schuld und Erlösung, Kreuz und Auferstehung. So scheint hier eine Chance und zugleich eine Verpflichtung gegeben für die Liebenden in der Kir-

19

che, zu einer besonderen Form des »geistlichen Lebens« zu finden, zu einer »Spiritualität« der Laien, die in und aus der Spannung wie Verbindung zwischen Glauben und Zärtlichkeit lebt. Es ist ein Anliegen dieses Buches, solche Lebensweisen auszudenken und zu einer »Frömmigkeit« zu ermutigen, die Gott und allem Leben begegnet mit Zärtlichkeit. Zugleich mag damit eine Zärtlichkeit in den Blick kommen, die »fromm« ist, sich von Ihm getragen weiß, Ihn entdeckt und auf Ihn verweist. Zärtliche Frömmigkeit und fromme Zärtlichkeit nehmen da ihren Anfang, wo Menschen ihre Liebessehnsucht und Liebesfähigkeit in Verbindung bringen mit Gottes zärtlicher Liebe zu Seiner Schöpfung und sie weiterzugeben suchen in Lebenshaltung und Lebensstil. Wie und wo dies geschehen kann, möchte ich zumindest andeutungsweise in den letzten Kapiteln dieses Buches beschreiben.

Die zerrissene Seele

Von Ursachen und Folgen der Feindschaft zwischen Glauben und Zärtlichkeit

Unsere Suche nach einer Versöhnung von Glauben und Zärtlichkeit, Religion und Erotik muß beginnen mit einem Blick in den Abgrund, der sich zwischen ihnen aufgetan hat. Bis heute stehen gewichtige Überzeugungen gegen jeden Versuch, diesen Abgrund zu überbrücken. Diese Überzeugungen haben ihre Macht nicht dadurch verloren, daß sie heute weniger deutlich und selbstverständlich geäußert werden. Im Innern vieler Menschen, vieler Christen, vieler Kirchenmänner sind sie unverändert mächtig, unausgesprochen, vielleicht auch unbewußt, gewiß aber unbewältigt.

1. *Zwischen den Fronten – die Verteidigung menschenwürdiger Sexualität in unserer Zeit*

In unseren Tagen ist es, das sei gleich zu Beginn dieser auch religionskritischen Anmerkungen gesagt, nicht allein und nicht zuerst die Religion, die Sexualität und Menschenwürde auseinanderreißt. »Die Liebe hat heute zwei Feinde«, hat Dorothee Sölle einmal geschrieben, »der eine ist ein alter Patriarch, der andere ein flotter junger Mann«[1]. In einer Gesellschaft, in der alles vermarktet und konsumiert wird, verliert auch die Liebe zwischen Mann und Frau ihren unbedingten Wert; auch sie gerät zunehmend unter das Gesetz von Angebot und Nachfrage, von Leistungssteigerung und Gewinnmaximierung. Auch die menschliche Liebesfähigkeit wird zur Ware, wird käuflich, meßbar, austauschbar. Und dabei werden – bewußt oder unbewußt, nach vorbedachter Strategie oder einfach den alles beherrschenden Marktmechanismen folgend – die tiefsten Wünsche des Menschen aufgegriffen, ihrer Unbedingtheit und Würde entkleidet und auf den Markt geworfen. Ist aber hier erst die Widerstandskraft gegen die allgemeine Austauschbarkeit und der Glaube an etwas Unbedingtes zerstört, dann haben Kapitalismus – der ja nicht nur Wirtschaftsordnung ist, sondern vor allem Weltanschauung – und Konsumismus den Kampf um die Seele des Menschen gewonnen. »Sex« – allein das Wort klingt wie ein Werbeslogan – ist dann weder sündhaft noch unanständig, sondern angenehm, »natürlich« und nicht gar so ernst zu nehmen, nicht Tor zur Hölle oder zum Paradies, sondern eine gesunde Sportart für zwei Partner, so notwendig und unproblematisch wie der menschliche Stoffwechsel. Diese »liberale« Verachtung menschlicher Sexualität ist vielleicht noch gefährlicher für die Liebe als ihre traditionelle Abwertung[2], und sie ist, im Unterschied zur alten Sexualfeindschaft,»imVormarsch«; sie hat sich einen festen Platz erobert in unserer öffentlichen Kultur, in den Medien und wohl auch im Denken und Verhalten eines nicht unbeträchtlichen Teils der 20– bis 40jährigen.

Dennoch ist es nicht diese Verachtung, ist es nicht »der flotte junge Mann«, mit dem ich mich zunächst kritisch auseinandersetzen möchte, sondern »der alte Patriarch«. Denn im Denken der Kirche und in den Seelen der Christen ist er noch der Stärkere – und dabei doch langfristig nur Wegbereiter des »flotten jungen Mannes«, der als Befreier vom alten Joch auftritt. Nur wenn der Patriarch in unserer Seele entthront ist, werden wir den Verlockungen der Freiheit, die der Konsumismus verspricht, auch im Bereich der Sexualität widerstehen und glaubwürdig widersprechen können.

2. Glaube und Zärtlichkeit –
Geschichte einer Entfremdung

Ich kann hier nicht der geschichtlichen Entwicklung der christlich begründeten und verstandenen Sexualfeindschaft nachgehen[3], möchte sie aber doch mit einigen groben Strichen skizzieren.

In den »Naturreligionen« gab und gibt es keine Spannung zwischen Glauben und Sexualität. In ihnen spricht sich weniger das Bewußtsein menschlicher Individualität und Erlösungsbedürftigkeit aus, sondern die fraglose Eingebundenheit des Menschen in die großen Zusammenhänge und Ordnungen der Schöpfung, in Werden und Vergehen. So ist die menschliche Sexualität und Fruchtbarkeit ein entscheidender Erfahrungsort des Heiligen, der Übereinstimmung mit den lebenschaffenden göttlichen Kräften, der »Schöpfungswonne«.

Doch schon im Alten Testament, das in einer weitgehend naturreligiös geprägten Umwelt und gegen sie geschrieben wurde, finden wir diese »erotische Religion«, diese wie selbstverständliche Heiligkeit des Geschlechtlichen nicht mehr. Dies hat viele Gründe; sicher spielt es eine Rolle, daß die israelitische Religion eine eher »väterlich-männliche« war im Unterschied zu den eher »mütterlich-weiblichen« Naturreligionen. Aber dazu kommt auch, daß das Bekenntnis zu Jahwe zunächst das Bekenntnis von heimatlosen, entwurzelten, entfremdeten Menschen war; sie wollten die in den Naturreligionen beschworene ewige Gültigkeit des Bestehenden nicht hinnehmen und dachten mehr an Auszug aus den Selbstverständlichkeiten als an Übereinstimmung mit dem Weltenlauf. Der insgesamt kritische und nicht selten eher pessimistische Blick des Alten Testamentes sieht die menschliche Wirklichkeit nüchtern, ohne Beschönigung oder Idealisierung. Das gilt auch für die Wirklichkeit der menschlichen Sexualität. Aber trotz ungeschminkter Schilderung sexuellen Fehlverhaltens[5] hat

»die biblische Tradition sich nicht bereit gefunden ..., Worte der Verketzerung oder Abwertung der Sexualität zu finden«[6].

Versuchen wir, im Neuen Testament die Einstellung Jesu zur Sexualität abzulesen, so können wir eigentlich nur feststellen, daß er kein besonderes Interesse daran bekundet hat, weder positiv noch negativ; im Mittelpunkt der uns überlieferten Jesus-Worte stehen uneingeschränkt die Ansage und der vorgelebte Anbruch des neuen Lebens in der Kraft und Nähe Gottes. Seine zeichenhafte Ehelosigkeit einerseits wie sein sehr ungezwungenes Zusammensein mit Frauen andererseits sind wohl auch von daher zu verstehen. Ob schon mit Paulus die Sexualfeindschaft in die Kirche einzieht, scheint mir nicht ganz eindeutig, jedenfalls fällt Paulus gelegentlich in seinen praktischen Anweisungen zurück in jene Befangenheit, die er theologisch bereits überwunden hat.[7]

Asketische und zugleich frauen- wie sexualfeindliche Kräfte machten sie verstärkt und durchaus erklärlich bemerkbar, als mit der Enttäuschung der Naherwartung die urchristliche Welt- und Geschichtsdeutung zu einer neuen Sicht von Weltwende, Weltgericht und Weltende und damit auch zu einer neuen Bewertung des andauernden Lebens in dieser Welt finden mußte. An die Stelle des apokalyptischen Denk- und Vorstellungsmodells, das einen Gegensatz beschrieb zwischen »dieser Weltzeit« unter der Herrschaft und dem Einfluß der zerstörerischen Welt-, Sünden- und Todesmächte und der »kommenden Welt« in der Kraft und Herrlichkeit Gottes, trat ein »dualistisches« Modell. »Diese Welt« – und das schloß die menschliche Leiblichkeit und Geschlechtlichkeit mit ein – galt als böse, vergänglich, nicht mehr verwandelbar, sondern als Schale, aus der sich die Seele lösen und zu Gott erheben lassen mußte. Je mehr und je eindeutiger die Erwartung des rettenden Eingreifens Gottes sich verlagerte ins »Jenseits«, desto stärker wurden Weltekel und Verachtung der besonders starken Weltbindung, die die menschliche Sexualität bedeutet und bewirkt. Als der Glaube schwand, daß diese Welt und unsere irdische Wirklichkeit Baustein Seines Reiches werden könnte, da begann man alles Weltliche, Irdische, Leibliche »abzutöten«.

Aber je mehr Menschen einen Teil ihrer Wirklichkeit abzutöten suchen, desto stärker werden sie diese Wirklichkeit in sich spüren, desto bedrohlicher werden sie sie empfinden, desto mehr werden sie sie dämonisieren. Und solche Tendenzen sind schon in der Alten Kirche spürbar. »Das Christentum wandelte sich aus einer Religion der Liebe in eine Religion der Keuschheit«, schreibt Walter Schubart.[8] Diese Formulierung mag überspitzt sein, falsch ist sie nicht. Die wechselseitige Anziehungskraft der Geschlechter wurde von den zölibatär lebenden Vordenkern der Kirche als Gefahr und Versuchung beurteilt, die erotische Liebe erschien ihnen nicht als Geschenk Gottes, sondern als unvermeidliches und für den Bestand der Menschheit notwendiges Übel; man mußte es unter genauer Beachtung bestimmter Regeln hinnehmen. »So viel wie nötig und so wenig wie möglich«[9] – so etwa kann man die offizielle kirchliche Position gegenüber der menschlichen Sexualität bis zum Ende des Mittelalters beschreiben.

Gewiß darf der Einfluß dieser geistlich-kirchlichen Einschätzung auf Lebensgefühl und Verhalten der Bevölkerung nicht überschätzt werden. Im Frühmittelalter war die Masse des Volkes nur sehr oberflächlich christianisiert; im Hochmittelalter entstand die höfisch-ritterliche Kultur und in ihr eine durchaus andere Beurteilung der Liebe zwischen Mann und Frau. Die spätmittelalterliche städtisch-bürgerliche Kultur war mit ihrer sehr unbefangenen, teils sogar recht derben Freude an der menschlichen Erotik noch weiter entfernt von den theologisch formulierten Überzeugungen. Aber dieses Nebeneinander trug nicht zu einer Versöhnung von Glauben und Zärtlichkeit bei, sondern es riß die beiden Lebensbereiche noch mehr auseinander.

Die Reformation schrieb diese Entwicklung fort und fest. Zwar gingen Luther, seine Mitstreiter und Nachfolger mit weniger Vorbehalten auf die menschliche Sexualität ein; die Scheu und Abscheu der Asketen vor der geheimnisvollen Faszination der fremden, bedrohlichen Frau teilten sie kaum. Doch sie rückten die erotische Liebe ganz aus dem theologischen Horizont; mit der Ehe sprach Luther den erotischen Beziehungen und der erotischen Beziehungsfähigkeit des Menschen die sakramentale Würde ab. Die »vermeintliche Reinigung des Heiligen« wurde bezahlt »mit der Entheiligung des Geschlechtlichen«[10].

In der nachreformatorischen Kirche kam es – vielleicht unter dem Einfluß radikal mystisch-verinnerlichter Gruppen[11], sicher aber auch durch das nach dem Konzil von Trient geforderte und geförderte Priesterideal – zu einer rigorosen Verschärfung der Vorschriften, die die Macht und Anziehungskraft der Sexualität bannen sollten. Diese Entwicklung hatte geradezu neurotische Züge; die fast hysterische Angst vor der Lust führte etwa dazu, daß zwei Päpste des 17. Jahrhunderts bereits den »lustvollen Kuß« als schwere Sünde bezeichneten.[12] Daß eine so selbstquälerische Lebenseinstellung mitunter zu sadistischem Verhalten gegenüber anderen führte, ist psychologisch nicht verwunderlich[13]. Was immer den sehr weit ausgedehnten Geltungsbereich des »sechsten Gebotes« betraf, das wurde gesehen als »materia gravis«, als schwere Sünde, eine Einschätzung, die sich bis in die jüngsten vatikanischen Stellungnahmen durchgehalten hat.[14]

Während also die Tugend der Keuschheit ganz in den Mittelpunkt rückte, traten die neutestamentlich ungleich häufiger eingeforderten Lebenshaltungen der Besitz- und Gewaltlosigkeit nicht nur zurück, sondern wurden geradezu widerrufen. Darum liegt der Verdacht nahe, daß viele kirchliche Beurteilungen der menschlichen Sexualität nicht nur mitbestimmt sind vom ungeklärten Verhältnis vieler Entscheidungsträger zur eigenen Sexualität, sondern auch Werkzeug staatlicher und bevölkerungspolitischer Interessen waren und mehr die bürgerliche Moral widerspiegelten als das Evangelium. Gerade im Blick auf die letzten beiden Jahrhunderte macht die enge Interessenverflechtung von Kirche, Staat und Gesellschaft es unmöglich, die eigentlichen Verursacher und Motive der Angst vor der Sexualität eindeutig festzumachen; jedenfalls hat die Kirche auch ganz anderen als religiösen Interessen gedient, wenn sie die staatstragenden Tugenden predigte und die unbürgerliche, sich allem bürgerlichen Ordnungsdenken widersetzende Sinnlichkeit ächtete.[15] Kann es sein, so fragt der Religionssoziologe D. Savramis, daß »die totale Herrschaft des Menschen über den Menschen … im sogenannten christlichen Abendland nur deshalb ganz besonders gut funktionieren konnte und noch funktioniert, weil die Theologen und die Kirchen eine Sexualmoral erfanden, die die totale Kontrolle des Menschen und seine totale Unterwerfung unter allerlei Zwänge erleichterte?«[16] Denn nichts macht Menschen so unterwürfig und beherrschbar wie anerzogene Angst, wie beständiges »schlechtes Gewissen«, wie das tiefsitzende Gefühl, schlecht zu sein und deshalb Strafe und schlechte Behandlung zu verdienen.

Ob kirchliche Sexualmoral bewußt oder unbewußt das Geschäft der Herrschaftssicherung besorgte, ist nicht mehr zu beweisen. Offensichtlich geworden ist jedoch mittlerweile, daß sie ihr eingestandenes Ziel, die Hebung der menschlichen Sittlichkeit, nicht erreichte. Die häufig menschenunwürdige Zwangsmoral hat die Herzen nicht geändert und ist daher mitverantwortlich für die menschenverachtende Einschätzung der Sexualität, die heute um sich greift. Die menschliche Liebesfähigkeit und -sehnsucht wurde nicht kultiviert und zu immer größerer Menschlichkeit entwickelt, sondern durch die Aufsplitterung in edle geistige und triebhaft »fleischliche« Liebe verroht. Dressur ist nicht Vorstufe, sondern Gegenteil von Kultur, und »wer den Eros ächtet, verfällt dem Sexus«[17].

Diese religionsgeschichtliche Skizze des Mit- und Gegeneinander von Glauben und Zärtlichkeit ist unvermeidlich verkürzt und einseitig; tatsächlich gab es immer auch Unterströmungen und Gegenbewegungen, und die theologischen Dokumente sind nicht unbedingt ein getreuer Spiegel der im christlichen Volk verbreiteten Auffassungen. In der Frömmigkeit, der Liturgie und der Kunst gab es immer Raum für Zärtlichkeit und Sinnlichkeit, und sie dürften Lebensgefühl und Weltanschauung der Christen mehr geprägt haben als die abstrakte Theologie und die gepredigte Moral. Und doch wird man eingestehen müssen, daß im Namen Christi nicht nur Generationen von Menschen mit ihrem Leben und Sterben versöhnt wurden, sondern daß über Jahrhunderte ein zentraler Bereich der inneren und äußeren Wirklichkeit der Glaubenden um Gottes Willen verächtlich gemacht, zerrissen und abgetötet wurde.

Eine rein geschichtliche Betrachtungsweise erreicht freilich nicht die Wurzeln des Konfliktes, sie zeigt Symptome, nicht Ursachen. Warum, so müssen wir deshalb weiterfragen, haben Menschen die Sexualität aufgefaßt als unvereinbar mit der rückhaltlosen Hinwendung zu Gott? Warum war ihnen die Abtötung des Fleisches wichtiger als die Auferstehung des ganzen Menschen in der Liebe Gottes? Vier Motive scheinen, oft miteinander vermischt, dabei bestimmend zu sein: »das Opfermotiv, das Störungsmotiv, der Weltekel und die Geschlechtsfurcht«[18].

3. Die geopferte Zärtlichkeit

Eine erste Begründung für die Abtötung der menschlichen Liebesfähigkeit im Namen der Religion gibt der Opfergedanke: Der Mensch opfert seine Selbstverwirklichung durch die Vereinigung von Mann und Frau, das vielleicht größte irdische Glück, auf dem Altar Gottes. Dieser Gedanke enthält zunächst keinerlei Abwertung der menschli-

chen Sexualität; sie wird schließlich dem Himmel darge-
bracht als wertvolles Gut. Und dennoch liegt hier die Gefahr tiefer Lebensverneinung. Denn so sinnvoll der Verzicht, vor allem der zeitlich begrenzte, in ethischer wie
psychologischer Hinsicht sein kann, damit der Mensch
nicht zum reinen »Reiz-Reaktions-Automat«[19] wird, so
wertvoll das Opfer für den Nächsten wie die Mitwelt und
so heilsam die mit dem Opfer verbundene Selbstdisziplin
ist: der Opfergedanke wird um so bedenklicher, je mehr er
theologisch begründet wird. Er wird bedenklich, weil das
Opfer, das der Mensch Gott bringt, ein entweder magi-
sches oder sadistisches Gottesverständnis fördert. Denn
entweder verzichte ich auf die volle Entfaltung meiner
Möglichkeiten, um die Macht der Gottheit durch meine
nicht ausgelebte Lebenskraft zu mehren – ein vom christlichen Standpunkt aus unhaltbar magischer Gedanke – oder
um für mein Opfer eine Gegengabe zu erhalten – was
nicht weniger magisch ist – oder ich will so dem Neid der
Götter entgehen. All diese Begründungen haben zumindest in der offiziellen christlichen Theologie keine Rolle
gespielt; sie sind durch und durch heidnisch. Wohl aber
klang gelegentlich die sadistische Vorstellung an, der
Mensch könne oder müsse Gott versöhnlich stimmen und
erfreuen, indem er sich etwas versagt, sich gar selbst ver-
letzt und quält. Wie aber sind solche Vorstellungen zu vereinbaren mit dem von Jesus vorgelebten liebenden Vater-
gott? Wie kann ein liebender Vater Gefallen daran finden,
daß es seinen Kindern schlecht geht, daß sie sich abquä-
len?
Insgesamt hat das Opfermotiv in der christlichen Tradition keine vorrangige Rolle gespielt, wenn man unter Opfer die »Weggabe« von Gut und Leben an die Gottheit versteht und nicht die »Hingabe« für Gott in der Hingabe für
Seine Schöpfung. Solche Hingabe war und bleibt natürlich
ein Schlüsselwort christlicher Weltsicht und Lebensweise;
solche Hingabe kann das Opfer der eigenen Selbstverwirk-

lichung auch im Bereich des Sexuellen einschließen. Hingabe kann sich jedoch auch ausdrücken und zugleich immer neu ermutigen lassen in der liebenden Lebensvereinigung. Bei aller Hochschätzung vernünftiger Selbstbeherrschung oder gar liebevoller Selbstlosigkeit ist es doch aus dem christlichen Glauben heraus weder zu verlangen noch zu verantworten, eine dem Menschen innewohnende Lebensmöglichkeit allein um Gottes Willen abzutöten und zu begraben. Der Gott und Vater Jesu Christi braucht keine Menschenopfer, und nichts, was Menschen quält, findet Sein Wohlgefallen.

4. *Die störende Zärtlichkeit*

Das »Störungsmotiv« ist und war im Christentum ungleich wirkungsvoller als das Opfermotiv. Es ist ungleich stärker biblisch verwurzelt und im Denken der Christen gegenwärtig, birgt freilich nicht minder große Gefahren der Verzerrung unseres Gottesglaubens in sich.

Die Grundidee, die das »Störungsmotiv« bestimmt, ist folgende: Gott ist das Absolute, nichts ist Ihm vergleichbar, nichts kann und darf mit Ihm konkurrieren. Der Mensch, der diese Wirklichkeit Gottes erkannt hat, ist deshalb durch die Gottesbeziehung so in Anspruch genommen, daß für andere Herzensbindungen und Liebesbeziehungen kein Raum in seinem Leben mehr bleibt. Die irdische, erotische Liebe sollte also eigentlich bedeutungslos sein; wo sie das aber nicht ist, da ist sie Ablenkung von Gott. Ja, die erotische Liebe gilt hier aufgrund der menschlichen Schwäche als die stärkste Ablenkungskraft, die unsere Herzen immer wieder vom Himmel auf die Erde herabzieht; sie muß deshalb niedergekämpft werden zumindest von dem, der ein wahrhaft gottorientiertes »geistliches« Leben führt. Und gerade das Christentum, das mehr als jede andere Religion die Beziehung zwischen Gott und den Menschen als Liebesbeziehung beschreibt, hat deshalb die irdischen Liebesbeziehungen als Konkurrenz gesehen.

Nun ist freilich die demonstrative Ehelosigkeit um des Himmelreiches willen biblisch gut bezeugt. Doch darf bezweifelt werden, ob damit ein Gegensatz zwischen leidenschaftlicher Gottes- und Menschenliebe aufgezeigt wurde. Denn die Ehelosigkeit Jesu und die zumindest zeitweilige Ehelosigkeit derer, die auszogen, das Evangelium zu verkünden, wurzelt nicht in einer Geringschätzung von Ehe und Sexualität. Vielmehr fehlte den Boten des Evangeliums die Zeit für eine Ehe; sie waren so vom Anbruch der Gottesherrschaft gepackt, daß sie weniger eheunwillig als eheuntauglich wurden. Sie waren zu »Eunuchen um des Reiches Gottes willen« (Mt 19, 12) geworden, also zu Menschen, die nicht auf die Ehe verzichten, sondern zur Ehe nicht mehr fähig sind, allerdings nicht wegen einer Beschneidung der körperlichen Möglichkeiten, sondern wegen der einschneidenden Veränderungen ihrer »Seele«[20]. Untauglich geworden waren sie aber zugleich auch für ein geregeltes »bürgerliches« Dasein.

Dieser Verzicht auf die Ehe war ein ganz besonderes Charisma, eine ganz besondere und zudem wohl auch meist zeitlich begrenzte Herausforderung. Dies zeigt zumindest das Neue Testament an im Bericht über die sehr verschiedenen Lebensformen in der frühen Christenheit. Je mehr die Christen erkennen mußten, daß die endgültige Wende der Geschichte und die Wandlung der Welt keineswegs unmittelbar bevorstand und die Kirche auf einen Weg durch die Zeit geschickt war, desto wichtiger wurde eine andere Begründung eheloser Lebensweise. Der Verzicht auf die Familie, der von den frühen Mönchen vorgelebt wurde, war eine Demonstration des ausschließlichen Vertrauens auf die Sicherheit und Geborgenheit, die nur Gott geben kann. Und diese Demonstration war und, so meine ich, bleibt eine notwendige »gefährliche Erinnerung« für »normale Christen« und eine »etablierte« Kirche. Je weniger freilich die Ehelosigkeit solche Demonstration ist, je weniger sie Charisma ist und je mehr sie gewollt, geplant, errungen wird, desto problematischer wird sie. Denn menschliche Sexualität läßt sich zwar in andere Energie umwandeln, nicht aber verdrängen, und gerade das, was verzweifelt unterdrückt wird, beginnt das ganze Denken zu beherrschen. »Nichts macht von der Begierde abhängiger als der befohlene Kampf gegen sie.«[21]

Halten wir fest: Es gibt – Gott sei Dank – Menschen, die so von der Liebe Gottes erfüllt sind, daß sie weder die Sicherheit brauchen, die die Liebe eines Menschen gibt, noch ihre Liebe so zu begrenzen vermögen, wie dies bei der erotischen Liebe gewiß sein muß; sie können deshalb auch nicht jene Liebesbindung eingehen, die – zumindest in einer wesentlichen Hinsicht – ausschließlich einen Menschen will und nicht alle.

Von dieser Gnadengabe der nicht zu begrenzenden Liebe zum Schöpfer, die sich in der nicht zu begrenzenden Liebe zu Seiner Schöpfung ausdrückt, ist jedoch jene weitverbreitete Vorstellung scharf zu unterscheiden, die zwischen Gottes- und Menschenliebe nicht nur unterscheidet, sondern sie sogar als Konkurrenten versteht. Schon auf den ersten Seiten des Alten Testamentes, in der Schöpfungsgeschichte, werden Gott und Mensch zusammengesehen, der Mensch wird – in seiner Spannung als Mann und Frau – vorgestellt als Abbild Gottes und damit als wirklicher Tempel der Gottesliebe. Und im Neuen Testament wird immer wieder dem Irrglauben widersprochen, man könne Gott lieben, ohne die Schwester und den Bruder zu lieben; davon erzählt das Gleichnis vom barmherzigen Samariter, das die ins Unrecht setzt, die die gottgewollte kultische Reinheit des Tempeldienstes höher schätzen als den Mitmenschen in der Not; davon erzählen alle Wunderheilungen am Sabbath, in denen Jesus nicht zuläßt, daß Gottes Willen dem Heilwerden der Menschen widerspricht; und kurz und bündig formuliert der 1. Johannesbrief die Wahrheit, daß Gottes- und Menschenliebe niemals Gegensatz sein können: »Wenn jemand sagt: Ich liebe Gott!, aber seinen Bruder haßt, ist er ein Lügner. Denn wer seinen Bruder nicht liebt, den er sieht, kann Gott nicht lieben, den er nicht sieht« (4, 20). Liebe, die nicht konkret weitergegeben wird, bleibt letztlich egoistisch, mag sie auch tausendmal angeblich auf Gott gerichtet sein. »Wenn Schulze diesen inneren Gott anbetet, stellt sich zuletzt heraus, daß Schulze selbst dieser Gott ist«, spottete Chesterton.[22] So wahr es ist, daß Gottes Geist und Kraft auch in uns am Werk sind: geliebt werden will er im Gegenüber, im Mitgeschöpf; innere Gotteserfahrung bleibt fragwürdig, wo sie Ihn nicht ebenso wahr- und annimmt in der Mitwelt.

Es mag gewiß sein, daß eine leidenschaftliche Liebe einen Menschen und seine Kraft gefangennimmt, daß er nicht mehr zum Einsatz für eine große Sache kommt – aber ebenso oft wird die Erfahrung menschlicher Zärtlichkeit weniger fesseln als tragen, weniger ablenken als ermutigen. Und ohne die Liebe zur Welt ist christliche Gottesliebe nicht zu haben; »Ganzhingabe« bedeutet ja nicht weniger Liebesfähigkeit, sondern sie muß sich zeigen in größerer, umfassenderer, leidenschaftlicherer Liebe. Gottesliebe kann sich durchaus auch konkretisieren in der Liebesgeschichte zwischen Mann und Frau wie in der dankbaren und behutsamen Liebe zu den Kindern. Die Liebe eines Franziskus mag die größere sein, aber auch in der echten Zärtlichkeit zwischen zwei Liebenden ist Gottesliebe anwesend und wirksam; auch sie ist ein Charisma, eine Gabe Gottes und Weitergabe Seiner Liebe.

5. Die ungeliebte Welt

Wer vom echten Charisma der Gottesliebe erfüllt ist, der wird gewiß in der Liebe zu Menschen weder Konkurrenz noch Ablenkung sehen; und die erotische Liebe wird da keine Ausnahme machen. Entweder wird er, übervoll von grenzenloser, göttlicher Liebe, eheuntauglich, unfähig zu begrenzter Liebe, oder er wird die Liebe zum einzigartig geliebten Menschen als einen Ort und eine Möglichkeit der Gottesliebe erfahren. Störend wird die menschliche Zärtlichkeit aber dem sein, der weniger bestimmt und erfüllt ist von dem großen Ja Gottes zu allem Leben als von einem tiefen Nein zur Welt.

In der Begegnung mit dem irdischen Jesus wie in den Erfahrungen des Auferstandenen schien den ersten Christen der große Durchbruch zur neuen Gemeinschaft mit Gott und unter den Menschen zum Greifen nahe gekommen. Aber dieser große Durchbruch, diese Wende der Geschichte zum Guten, blieb aus, Christus erschien nicht als der Retter und Richter auf den Wolken des Himmels; die Mächte des Bösen wirkten weiter mit ungebrochener Kraft. So blieb den Christen die Aufgabe, im Geiste Christi mit ihren bescheidenen Möglichkeiten und mit langem Atem den Anbruch des Reiches in ihrem Miteinander zu leben in einer weitgehend unveränderten Welt. Daß die Skepsis gegenüber »dieser Welt« wuchs, ist nur zu verständlich, und verständlich ist auch die zunehmende Bereitschaft, sie den Mächten der Finsternis zu überlassen, sie als Heimat aufzugeben und den Blick zu richten auf jene Alternative Gottes, die jenseits der Todesgrenze liegt. Gerade die tiefsinnigen und empfindsamen Christen litten unter der bleibenden Gottwidrigkeit der irdischen Verhältnisse. Die eine Antwort war die der Benediktiner, die »ausstiegen« und zugleich in eine neue Lebenswelt und -gemeinschaft eintraten, ja eine neue Welt aufbauten, regelten, kultivierten. Sie trotzten der Wildnis der Wälder eine Alternative ab zur Wildnis des menschlichen Miteinander in der spätantiken und frühmittelalterlichen Welt voller Chaos und Gewalt, voller Unrecht und Unsicherheit. Doch spätestens seit Augustinus wird auch von Christen abgrundtiefer Pessimismus in ein theologisches System gebracht, wird der »Weltschmerz« als Glaubenshaltung gesehen, ja mehr als der Weltschmerz – der Weltekel.

Der »Weltekel« ist nun aber eine Stimmung, eine Haltung, eine Lebensauffassung, die »immer der Todfeind des Eros sein und bleiben wird«[23]. Gerade die erotische Liebe hält ja den Kreislauf des Lebens in dieser verabscheuten Welt in Gang. Und nichts bindet stärker das Interesse der Menschen an diese Welt und ihre Zukunft als die Erfahrungen der Liebe zwischen Mann und Frau und deren Folgen, die Liebe zu den Kindern. Wer »Liebhaber« ist, wer einem konkreten Menschen in leidenschaftlicher Liebe zugetan ist, wer sich um ein geliebtes Kind und seine Zukunft sorgt, der wird niemals sagen: »Nach mir die Sintflut«, weder gleichgültig noch sehnsüchtig, noch zynisch. Das heißt nicht, daß die Liebe blind macht, naiv und allzu optimistisch, obwohl sie sich diesem Verdacht aussetzt, wie schon Paulus weiß (vgl. 1 Kor 13,4 ff). Alles wirkliche Lieben aber fühlt sich der Schöpfung in Grund und Ziel verbunden und sucht im Einverständnis mit einem bestimmten Leben das Einverständnis mit dem Leben überhaupt.

Als Christen, die sich unter dem Kreuz versammeln, wie als neuzeitliche Abendländer mit hoher Individualität ist es uns nicht möglich, zurückzukehren in die selbstverständliche Einfügung in den Kreislauf des Werdens und Vergehens, der die Religionen der »Schöpfungswonne« prägt. Aber ebensowenig dürfen wir dieses Leben und diese Welt, die uns geschenkt und anvertraut sind von ihrem Schöpfer, in verräterischem Pessimismus aufgeben. Optimismus mag häufig genug Ausdruck geistiger Beschränktheit sein und eine Folge des Unvermögens oder der Angst, den dunklen Seiten der Wirklichkeit standzuhalten. Der Pessimismus aber ist noch Schlimmeres: Er ist Verrat, nicht Trauer, sondern Rechthaberei angesichts der Bedrohung des Lebens. »Mein Verhältnis zur Welt ist nicht optimistisch«, schrieb Chesterton, »sondern eher patriotisch zu nennen; es kennzeichnet sich am besten als das angestammter Zugehörigkeit. Die Welt ist keine Mietswohnung, aus der wir ausziehen, weil sie uns nicht paßt. Es ist die Burg unserer Väter mit der wehenden Flagge auf dem Turme, und je schlimmer es um sie steht, je weniger sollten wir sie räumen.«[24] Die Trennung Gottes von dieser uns gegebenen und aufgegebenen Welt und die Trennung Gottes von den Erfahrungen der erotischen Liebe und Zärtlichkeit sind zwei sich wechselseitig bedingende, eng verflochtene Bewegungen und Bestrebungen. Ist diese Welt nicht mehr trotz und in allen Verzerrungen die Welt Gottes, dann muß sie um Gottes willen überwunden werden, dann ist die Erde Feind des Himmels und der Körper Feind der Seele oder des Geistes. Wer aber meint, im Namen Gottes seinen Körper und mit ihm diese irdische Wirklichkeit bekämpfen zu müssen, der kann die Sexualität wohl nur als eine Quelle des Unheils und die Widersacherin des Glaubens sehen. Deshalb war es nur logisch, wenn im Lauf der Kirchengeschichte immer wieder radikal weltfeindliche Gruppierungen den totalen Verzicht aller auf Ehe und Zeugung forderten, was letztlich nichts anderes war als der Aufruf zum langsamen kollektiven Selbstmord der Menschheit. Solch selbstmörderischen Weltekel hielt Chesterton für »das letzte und absolute Übel: die Weigerung, sich für die Existenz zu interessieren; die Weigerung, den Treueschwur dem Leben gegenüber zu leisten«[25].

Diese endliche Welt ist von Gott unendlich geliebt, sagt uns die Bibel. Er rief sie ins Leben, Er wurde Mensch aus Liebe und Solidarität. Diese doppelt angenommene Welt wegzuwerfen, ist eine, ja die Todsünde, die grundsätzliche Verneinung Seines Willens. Die erotische Liebe ist deshalb nicht ein gefährliches Gift, das uns abhängig macht von der bösen Welt, sondern ein – freilich nicht ungefährliches – Heilmittel gegen Weltekel und Menschenverachtung, gegen den Tod, denn »stark wie der Tod ist die Liebe« (Hld 8,6b).

6. *Die Dämonie des Weiblichen*

Die drei bisher betrachteten Begründungen der Ablehnung
erotischer Liebe sind religiös motiviert, wurzeln in einer
bestimmten Auffassung Gottes. Zudem sind sie nicht auf
eins der menschlichen Geschlechter beschränkt; auch
Frauen haben ihre Liebessehnsucht dem Himmel geopfert
oder als störend empfunden bei der Hinwendung zu Gott,
auch unter Frauen gibt es mitunter – viel seltener freilich
als bei Männern – das Gefühl des »Weltekels«. Ganz und
gar dem männlichen Denken und Fühlen entstammt hingegen das vierte Motiv, die »Angst vor der Frau«. Auch
geht es hier nicht mehr um eine bestimmte Gottesvorstellung, die Auswirkungen hat auf die Liebe zwischen Mann
und Frau. Vielmehr wird eine sehr menschliche Erfahrung,
die der beängstigenden Andersartigkeit des Weiblichen,
von Männern bewältigt mit Hilfe religiöser Vorstellungen
und Überhöhungen.

In einem nicht bis ins letzte zu erhellenden Zusammenhang von Ursache und Wirkung verbinden sich Weltekel,
Angst vor der Frau und Angst vor der Sexualität. Die erotische und die religiöse Lebenswirklichkeit scheinen nach
den bislang vorliegenden Erkenntnissen von Religionswis-
senschaft, Völkerkunde und Soziologie erst dann getrennt
worden zu sein, als »die Männerwelt sich von der Frauen-
welt so isoliert, daß zwischen den beiden Geschlechtern
nur Abhängigkeitsverhältnisse bestehen können. Je mehr
die Männerwelt Ansprüche auf Herrschaft über die Frauen
erhebt, ... desto mehr wird das weibliche Geschlecht mit
dem Bösen identifiziert«[26]. Aber zur Erklärung der bis
heute andauernden Benachteiligung, ja Abwertung der Frau
im gesellschaftlichen wie im kirchlichen Leben reicht
diese sozialgeschichtliche Betrachtung nicht aus. Sind doch
andere Herrschaftsformen, die ebenso religiös überhöht
wurden wie die Herrschaft des Mannes über die Frau, in der
geschichtlichen Entwicklung aufgehoben worden.

Wenn in der Kirche bis heute eine abwertende Sicht und Behandlung der Frau nicht überwunden ist, dann muß es also noch andere als rein geschichtliche Gründe dafür geben. Religiös oder theologisch können diese Gründe wohl nicht sein, denn es gibt keine ernst zu nehmende theologischen Begründungen für eine wie immer geartete Abwertung des weiblichen Geschlechts. Daß Jesus nur Männer in den Zwölferkreis der Apostel gerufen hat, ist historisch so verständlich wie die Tatsache, daß diese Männer allesamt Juden waren.

Es müssen wohl vor allem auch tiefsitzende psychologische Gründe sein, die in einer Männergesellschaft, wie dies die kirchlichen »Eliten« weitgehend sind, eine unbefangene Sicht der Frau behindern. Da mag das Gefühl »der erotischen Unterlegenheit des Mannes«[27] eine Rolle spielen, ein Gefühl, das gewiß die meisten Männer innerlich erschüttert und ängstigt. An einer für ihr Selbstbewußtsein außerordentlich wichtigen Stelle wird ihre »Männlichkeit« in Frage gestellt; die zahlreichen Versuche, der Frau ihre sexuellen Bedürfnisse und Empfindungen abzuerziehen, bestätigen diese Angst. Die »unersättliche Frau« ist weit mehr Alptraum als Wunschtraum des »verunsicherten Mannes«[28]; seine uralte Imponierhaltung kann ihn nicht darüber hinwegtäuschen, daß die Frau nicht nur enger mit der Natur und ihrer Lebenskraft verbunden ist, sondern auch die erotische Lebenskraft und Liebesfähigkeit weit mehr als er zu integrieren und zu entfalten vermag. Schon rein körperlich wird sichtbar, wie die Sexualität in die Frau hineingehört, während sie dem Mann als etwas nicht zu ihm Gehörendes, etwas Angehängtes, etwas Fremdes erscheinen mag.

Aus dem Gefühl solcher Unterlegenheit heraus kann die sehr »männliche« Verachtung des Sexuellen und damit der Frau gewiß nicht allein, aber doch teilweise erklärt werden. Sie war ein Versuch, männliche Überlegenheit zu verteidigen, nicht nur in den äußeren Machtverhältnissen, sondern auch im Selbstbewußtsein. »Das ist die Rache des Mannes am Weibe«, schrieb Walter Schubart, »eine Rache aus erotischen Motiven, aber mit religiösen Mitteln. Das darauf beruhende asketische Ideal, vorgetragen im Namen der Moral, umkleidet mit dem Glanz religiöser Leistung, eines gottgewollten Verhaltens, ist im letzten Grund ein männlicher Akt der Abwehr, der Rache am erotisch überlegenen Weib. Ein möglichst liebesarmes, unerotisches Dasein – das war die Lebensform, in der der Mann hoffen durfte, das Weib zu überwinden und in der er es dann tatsächlich überwand.«[29]

Ob die Angst vor der erotischen Überlegenheit der Frau unter den zölibatär lebenden Vordenkern und Führern der Kirche freilich so beherrschend ist, erscheint auf den ersten Blick eher unwahrscheinlich. Doch diese Furcht vor dem Weiblichen braucht, so scheint es, keinen akuten Anlaß; im Gegenteil, die Erfahrung der Frau als einer nicht »unersättlichen«, sondern zärtlichen Geliebten kann am ehesten von Angstphantasien heilen. Und doch gibt es in kirchlichen Kreisen noch immer die Vorstellung von der Frau als der großen »Verführerin«; besonders deutlich wird das im Gespräch über verheiratete Priester. Zudem sitzt diese Angst tiefer als unser Bewußtsein, und in der Tiefe ist die Angst vor dem Weiblichen wohl zugleich auch die Angst vor dem Natürlichen.

Die kritische Auseinandersetzung mit der »Natur« und dem »Natürlichen«, mit der »Schöpfungswonne« in den Naturreligionen, gehört sicher mit in die Geschichte unseres Glaubens und wohl auch zu seinem Wesen. Gerade die Prophetie des Alten Testamentes hat einer allzu unbewußten und unbefragten Einfügung in die natürlichen Lebensläufe widersprochen im Namen der Gerechtigkeit auch für die Schwachen, und sie hat einer allzu glatten Schöpfungstheologie Mut zum Protest gegen das Leid in der Welt abgetrotzt. Doch mehr und mehr entwickelte sich ein mit beinahe krankhafter Angst besetzter und religiös ständig überhöhter Kampf der »männlichen« Kultur gegen die »weibliche« Natur. Pan, der Naturgott der Hirten, jenes geheimnisvolle Wesen an der Grenze zwischen menschlich-bewußtem und tierhaft-natürlichem Wesen, mit Bocksfuß und Hörnern gezeichnet, wurde zum Teufelsbild: »Pan als Vorbild für Satan! Das Naturhafte und das Teuflische werden für identisch erklärt.«[30] Die Frau, körperlich und seelisch »naturhafter«, naturgebundener und naturverbundener als der Mann, wird, wie schon der große Theologe Tertullian um 200 formuliert, zur »Pforte des Satans«. Sie wird zur Hexe, ihre Verteufelung entspricht der »Verteufelung des großen Naturgottes Pan! Von ihrem Wesen her ist die Frau Braut der Natur und ihres Herrn, des Schöpfergottes. Aber in den Augen des Patriarchats ›Teufelsbraut‹«[31]. Gegen die Natur und gegen die Frau als ihre Priesterin und Hüterin wurde ein jahrhundertelanger unbarmherziger Krieg geführt im Namen von Religion, Kultur und Moral, ein Krieg, der heute ohne jede religiöse Begründung weitergeführt wird im Namen von Fortschritt, Wissenschaft und Technik, Wirtschaft und Sicherheit.

Doch der Kampf des Mannes gegen die – ihm so erscheinende – Dämonie des Weiblichen ist nicht nur ein Kampf zwischen den Geschlechtern oder ein Krieg zwischen sogenannter Kultur und Moral einerseits, Natur und Gefühl andererseits. Es geht dabei auch um einen Zwiespalt in jedem Menschen. Denn »Männliches« und »Weibliches« sind in jedem von uns; in unserer Seele ist etwas, was eher in der Erscheinung der Frau und in den ihr von Natur oder Erziehung zugeschriebenen »Rollen« zum Ausdruck kommt, und etwas, das eher der Erscheinung und den »Rollen« des Mannes entspricht. Der Kampf gegen das Weibliche war also immer auch ein innerer Kampf, ein Kampf gegen die »weibliche Seelenkraft« im Mann[32]. Die Kirche war immer sehr aufmerksam für die Gefahren, die in der Ausschaltung »männlicher« Rationalität und Prinzipientreue liegen, doch die Grausamkeiten, die aus der Verdrängung und Abtötung »weiblicher« Lebenskräfte erwachsen, wurde kaum bedacht und wahrgenommen.

Der Psychotherapeut Friedrich E. Freiherr von Gagern hat diesen Verdrängungsprozeß und seine Folgen so beschrieben: »Hält jemand nur das Geistige, das Intellektuelle, Rationale seiner Existenz für das eigentlich menschliche Sein ... und versucht darum, nur diesem Prinzip Daseinsrechte einzuräumen, dann empfindet er die emotionale, naturhafte und triebbestimmte Seite seiner Existenz als ›Gegenwelt‹ und damit als den Geist bedrohend. Deshalb wird er versuchen ..., diese seine ›weibliche‹ Seite von seinem Ich abzuspalten, zu bekämpfen und möglichst zu verdrängen ... Weil er sich nun in seiner bodenfernen Geistigkeit erst recht schwach und von den Kräften der Tiefe her angreifbar fühlt, glaubt er ..., den bedrohten Herrschaftsanspruch des Geistigen am besten zu verteidigen, indem er die Natur in sich zum ›Bösen‹ erklärt, und möglichst ertötet. Ein richtiger Teufelskreis ... Wenn das Verdrängte nicht in seiner wahren Gestalt auftauchen darf, dann erscheint es meist in neurotischen Abwandlungen, von denen die Angst nur eine von vielen Spielarten ist.«[33]

So verbinden sich die Angst vor der konkreten Frau, vor der zu versagen man sich fürchtet, und die Angst vor *der* Frau als »Verführerin« des Mannes mit der Angst vor der Natur um mich und in mir, der doch nur mühsam ein geordneter und gesitteter Lebensraum abgerungen wurde, mit der Angst vor dem »Weiblichen«, dem unbekannten, irritierenden und faszinierenden Anteil auch der männlichen Seele. Weil dieser Konflikt so tiefgründig und vielschichtig ist, dürfen wir Männer nicht so tun, als sei die Frage nach der Frau in der Kirche eine von außen, durch gesellschaftliche Entwicklungen aufgezwungene oder gar nur modische Frage. Es geht nicht nur um die Rechte der größeren Zahl der Christen, die weiblich sind, sondern auch um die Seele aller Christen, um ihr Verhältnis zu sich selbst und zur Schöpfung, um ihr Bild von Gott. Die

Wiederentdeckung unserer »weiblichen Seelenkräfte«, die Rückgewinnung einer gar nicht romantisch-sentimentalen, sondern »patriotischen« Liebe zur Mutter Erde und die Wahrnehmung der »mütterlichen« Seite Gottes werden ohne das Bemühen um eine Zusammenschau von Religion und Sexualität, von Glauben und Zärtlichkeit nicht gelingen.

7. Die zerrissene Seele – Zusammenfassung und Ausblick

Der Konsumismus, die Beliebigkeit auch in den sexuellen Beziehungen ist vielleicht die stärkste Bedrohung der zärtlichen Liebe. Aber in der Kirche und als Kirche werden wir dieser Bedrohung nur dann glaubwürdig und mit ganzem Herzen Widerstand leisten können, wenn wir die »patriarchalische« Ächtung der Zärtlichkeit überwinden und sie glaubend zu achten lernen als Gabe, Geste und Gnade unseres Gottes.

Der Blick auf die Religions- und Kirchengeschichte läßt es nicht zu, die christlich begründete Ablehnung und Ächtung der erotischen Liebe als heute überwundenes Mißgeschick und Mißverständnis abzutun. Gesellschaftliche und nichtchristlich-weltanschauliche Einflüsse haben gewiß eine bedeutsame Rolle gespielt beim Entstehen der Sexualfeindschaft in der Kirche, und doch tut eine radikale Gewissenserforschung not, nicht um modern zu bleiben, sondern um Gottes willen und um der Menschen Heil willen.

Überwinden müssen wir alle sadistischen Züge Gottes, die sich mitunter hinter dem Opfergedanken verbergen. Unser Gott ist zwar kein harmlos-gemütlicher Wolkenkönig, aber doch ein liebender Vater, der das Heil-Sein der Menschen will und niemals Gefallen findet an ihrer Qual.

Überwinden müssen wir den Irrglauben, die leibhaftige – und nicht nur irgendwie geistige – Liebe zu einem Menschen gehe immer auf Kosten der Liebe zu Gott. Die Liebe zwischen Menschen, auch die zwischen Mann und Frau, ist nicht Konkurrenz, sondern Ort der Gottesliebe. Liebe zu Gott ist nicht die Alternative, sondern der Motor allen menschlichen Liebens.

Überwinden müssen wir den »Weltekel«, die kraft- und lieblose, verräterische Verneinung dieser Welt und des Lebens in ihr mit allen hellen und dunklen Seiten. Wir sind in die Geschichte dieser Welt gestellt, um Licht zu sein, sie zu erleuchten, und nicht, um sie zu verleugnen. Zum Salz der Erde sind wir bestimmt, nicht um das Leben zu versalzen, sondern damit wir und andere Geschmack daran finden, den Geschmack des Himmels.

Überwinden müssen wir Männer in und außerhalb der Kirche die Angst vor dem Naturhaften und Weiblichen, das in uns ist und uns entgegentritt in Gestalt, Weisheit und Lebenserfahrung der Frauen. Weder ist der Mann ein Gott noch Gott ein Mann, sondern Mann und Frau sind aufgerufen, in äußerer und innerer Vereinigung des Männlichen und des Weiblichen zum Bilde Gottes zu werden.

Zu Widerstand und Umkehr können uns nicht allein geschichtliche und gesellschaftskritische, psychologische und psychoanalytische Betrachtungen und Anfragen führen. Wir müssen uns darüber hinaus besinnen auf eine theologische Auffassung der zärtlichen Liebe. Dies werden wir im weiteren Verlauf zunächst versuchen im Nach-Denken des Zu- und Gegeneinanders von Mann und Frau, wie es in der älteren biblischen Urgeschichte entworfen wird. Diese Frage nach dem Menschen und seiner Wirklichkeit vor Gott und den Mitmenschen werden wir ergänzen durch die »dogmatische« Frage nach der christlichen Kunde von Gott und Seiner Wirklichkeit für den Menschen und die menschliche Liebe.

»Als Mann und Frau schuf Er sie«

Erste biblische Betrachtung über das Zueinander von Mann und Frau im Anschluß an die Erzählung von Paradies und Sündenfall (Gen 2–3)

Erster Ansatzpunkt unserer Suche einer neuen Zusammenschau von Glauben und Zärtlichkeit soll die Erzählung von Paradies und Sündenfall sein, vom Grund und Abgrund des Lebens, die im 2. und 3. Kapitel des Buches Genesis als Anfang der sogenannten »jahwistischen« Urgeschichte überliefert sind. Hier wollen wir die »anthropologische Basis«, das »Menschenbild« gewinnen für die weiteren Überlegungen.

1. *Zum Verständnis von Gen 2 und 3*

Ur- und Schöpfungsgeschichten gehören zum ehrwürdigen Wissensschatz und Erzählgut aller alten Völker. Nicht um Vor- und Frühgeschichte geht es in solchen Erzählungen, sondern um den Kern, den Grund, das Wesentliche im Leben, um das, was das Menschsein in der Welt ausmacht.[1] Nicht naturwissenschaftliche Interessen bestimmen solche Erzählungen, sondern sie sind religiöse, welt-anschauliche Betrachtungen und häufig, wie in den biblischen Urgeschichten, voll tiefer Einsicht in die »Seele« des Menschen.[2]
In den beiden, naturwissenschaftlich gesehen durchaus nicht zu vereinbarenden biblischen Schöpfungsgeschichten geht es nicht um das Glück und Unglück eines Vormenschen, sondern um *den* Menschen. Adam ist nicht unser Ahn, er ist unser Spiegelbild. Das Paradies ist kein Zustand idyllischer Naivität, Unschuld und Naturverbunden-

heit, sondern eine Erinnerung, ein Traum in uns, eine Ahnung in der Tiefe unserer Seele, die mitunter sehr deutlich und spürbar wird. Und der Sündenfall ist nicht ein lang zurückliegendes einmaliges und einzigartiges Mißgeschick, sondern tägliche Wirklichkeit und »eine Deutung der Art und Weise ..., wie der Mensch leben muß, ehe er zum Glauben an Gott zurückgefunden hat«[3].

Überliefert hat uns die kostbare Erzählung von Paradies und Sündenfall ein unbekannter Schreiber, der wohl um 950 v. Chr., in der politischen, wirtschaftlichen und kulturellen Blütezeit Israels unter Salomo aus alten Traditionen eine großartige Geschichtsdeutung komponierte. Von den Wurzeln der Menschheitsgeschichte über die Berufung Israels bei den Vätern und die Befreiung aus der Sklaverei Ägyptens bis zum Gewinn der Heimat im »gelobten Land« reicht sein Werk. Die moderne Bibelwissenschaft hat ihn den »Jahwisten« genannt, weil er Gott von Anfang an bei diesem Namen nennt. Diesen Denker und Dichter des Glaubens Israels wird man nicht nur zeitlich, sondern auch sprachlich und theologisch gesehen als einen der ersten biblischen Schreiber anerkennen müssen. Sein skeptischer Realismus ist auch für das Nachdenken über die Liebe eine gute Ausgangslage; jede Idealisierung, jede schwärmerische Betrachtung liegt ihm fern[4].

Eine detaillierte Auslegung der jahwistischen Urgeschichte ist hier nicht erforderlich[5]; wir werden den Text sofort mit »lebenskundlichem Interesse« befragen, also danach, was er beiträgt zum Verstehen und Bestehen des menschlichen Lebens und vor allem des menschlichen Liebens.

2. Adam – ein Lebensentwurf (Gen 2, 4b–17)

Der Lebensentwurf »Adam« ist genommen aus der »adama«, der Ackererde, und er ist nicht ein und schon gar nicht der erste Mensch, sondern *der* Mensch. Dieser

Mensch ist Teil der Erde; er lebt auf ihr und von ihr und kehrt im Tode zurück zu ihr. Er ist Materie, nicht Geist, Materie, in der der Atem Gottes lebt und durch den sie lebt. Doch er ist nicht, wie der Urmensch vieler anderer Anfangsgeschichten der Völker, ein Übermensch – er ist Erde, Gott ein- und ausatmende Erde.

Jahwe schafft diesem Menschen einen Lebensraum, den Garten. In diesen Garten ist der Mensch gesetzt, um das Leben aufzubauen und zu behüten. Er ist weder Sklave der Götter noch unbeschränkter Herr der Erde. Er ist Mitarbeiter, Sachverwalter Gottes; das ist sein Auftrag und seine Würde.

Von Anfang an sind freilich seinem Wirken und Wollen Grenzen gesetzt. Es ist nicht alles in seine Hand gegeben. Gerade die Mitte, der Baum der »Erkenntnis von Gut und Böse«, des endgültigen und eigenmächtigen Urteils über Gut und Böse, ist ihm verwehrt, soll unantastbar sein, und ebenso der »Baum des Lebens«. Wenn das Paradies Bestand haben soll, dann sind der menschlichen Freiheit Grenzen gesetzt. Und jenseits der Grenzen liegt der Tod.

(1) Der Mensch aus Erde – diese »Erdung« des menschlichen Seins verlangt als Antwort ein doppeltes Ja. Ein Ja zur Erde und zur Materie und zu allem Irdischen, denn es ist uns verwandt und zur Heimat gegeben. Und ein Ja zur eigenen Endlichkeit und Vergänglichkeit. Gelingendes Menschsein erfordert keinen übermenschlichen Halbgott, keinen Titanen oder Riesen, es erfordert nicht einmal das Ausschöpfen aller menschlichen Möglichkeiten.[6] Es erfordert ein Gespür für die Verbundenheit mit der Erde und allem Leben auf ihr und ein Gespür für den darin wirksamen Atem, die anwesende Lebenskaft Gottes.

Für unsere Frage nach dem Zusammenhang von Glauben und Zärtlichkeit ergeben sich zwei Einsichten: Jede Form der Leibfeindlichkeit, jede Verachtung der Materie, jede Flucht von der Erde widerspricht dem Lebensentwurf, den Gott uns vorgegeben hat. Und zudem ist jede Flucht vor dem Leben, aus dem Körper, von der Erde Illusion. Auch als Liebende und Geliebte bleiben wir Erde, Erde freilich, in der ein Hauch von Gott mitschwingt und, uns verbindend, umweht.

(2) Das Paradies ist kein Schlaraffenland. Weder werden unsere Allmachtsphantasien aufgenommen noch unsere regressiven Wünsche. Paradiesisches Leben, so schreibt der Jahwist uns vor, ist weder Leben in Übermacht und Größe noch das Dasein eines Säuglings an der Mutterbrust. In uns schlummert ja solche Sehnsucht nach der Rückkehr in den Mutterleib, nach einem Sein ohne Anstrengung, völlig geborgen und versorgt ohne eigenes Zutun, zugleich aber auch ohne jede Eigenständigkeit und Verantwortung. Solche Sehnsucht ist kein Wegweiser ins Paradies. Solche Erwartungen an die Liebe zwischen Mann und Frau zu richten ist zerstörerisch, weil es den Geliebten überfordert und den Liebenden unterfordert. Die Geborgenheit, die Liebende sich schenken dürfen und sollen, ist nicht die des Mutterleibes. Paradies ist nicht in der Flucht vor Anstrengung und Verantwortung und in der bloßen Bedürfnisbefriedigung, sondern im Einsatz für den Garten Gottes, für das um uns und in uns wachsende, werdende, aufblühende Leben. Aufbauend soll dieser Einsatz sein, er soll wachsen lassen, und er soll behüten, Schutz und Zuflucht geben. Gibt es eine bessere Beschreibung für das, was Liebende einander oder Eltern für ihre Kinder tun wollen, was uns im menschlichen Miteinander aufgegeben ist?

(3) Die Mitte des Gottesgartens ist unantastbar. Auch das Paradies kennt Verbote, eine Vorstellung, die uns vielleicht zunächst wenig paradiesisch anmutet. Noch einmal werden wir an unsere Endlichkeit erinnert, noch einmal wird unseren Wünschen eine Schranke gesetzt.[7] Aber es wird auch ein sehr konkretes Verbot ausgesprochen: Verwehrt ist der Zugriff zur Frucht des Baumes der »Erkenntnis von Gut und Böse«. Dieser Baum steht nicht für das moralische Unterscheidungsvermögen des Menschen und

auch nicht für eine fortgeschrittene Stufe der Erkenntnis gegenüber der Welt und sich selbst. Die »Erkenntnis von Gut und Böse« meint wohl auch die »große Erkenntnis«, das unbegrenzte Wissen, dessen Gefährlichkeit uns in der Zeit der ins Uferlose gewachsenen Macht des Menschen wohl einleuchtet. Aber zugleich ist diese Erkenntnis mit dem Anspruch verbunden, Herr der Maßstäbe über Gut und Böse zu sein, »autonom«, unabhängig von jeder übergeordneten Wahrheit und jeder göttlichen Autorität, aber auch Richter über die Mitmenschen an der Stelle Gottes. Nicht nur das ist eine Gefahr in der Liebe zwischen Mann und Frau, daß man den Geliebten, der doch Erde ist, zum Gott macht; es gibt in allem menschlichen Miteinander und besonders in den engen Bindungen die Versuchung und Gefahr, sich selbst auf den Richterstuhl Gottes zu setzen, dem Leben und den Lebenden nicht mehr aufbauend und behutsam zu begegnen, sondern wertend, urteilend und verurteilend. Begrenze deine Ansprüche, warnt der Jahwist, begrenze sie in jede Richtung.

3. *Der Preis der Liebe* (Gen 2, 18–25)

Der Lebensentwurf Gottes für den Menschen, den der Jahwist in der Paradieserzählung festhält, ist mit den bisherigen Bestimmungen allerdings noch nicht vollendet. Gott selbst, so heißt es, nimmt einen neuen Anlauf zum Heil des Menschen, wenn Er feststellt: »Es ist nicht gut, daß der Mensch allein bleibt. Ich will ihm eine Hilfe, ein Gegenüber schaffen, das ihm entspricht.« So führt Er dem Menschen erst die Tiere zu; doch da auch diese noch kein sprechendes und entsprechendes Gegenüber sind, formt Er aus der Rippe Adam ein Gegenüber, in dem dieser sich ohne Vorbehalt wiederfindet. Soweit diese ebenso bekannte wie häufig belächelte und bespöttelte Erzählung, die wir nun genauer befragen wollen.

48

(1) Der Mensch soll nicht allein bleiben. Menschliches Leben erfüllt sich nicht allein in Erdverbundenheit, Engagement und Selbstbegrenzung. Vollendet ist das Paradies erst, wo der Mensch dem Leben nicht mehr einsam gegenübertritt.

Das ist keineswegs eine selbstverständliche Überzeugung. In der Geschichte menschlicher Suche nach Wahrheit und Einsicht gibt es durchaus andere Vorstellungen. Ist die Suche des Menschen nach Erfüllung nicht ein Irrweg, wenn sie nach außen führt, fragen uns indisch-asiatische Denktraditionen. Ist nicht die Versenkung der einzige Ausweg aus dem sinnlosen Kreislauf von Leben und Leiden? Ein Ausweg, den die Zweigeschlechtlichkeit des Menschen nur versperrt, weil sie uns Glück da verspricht, wo es nicht zu finden ist, in der Leidenschaft für das Leben, nicht in der inneren Loslösung aus dem Rad der Wiedergeburten. Oder hat der griechische Mythos recht, der die Erschaffung der Frau als Strafe für den allzu mächtig werdenden Menschen deutet? Ist sie das Ergebnis der Zerschlagung des ursprünglich in sich geschlossenen, harmonischen und deshalb »kugelförmigen« Menschen? Ist die Sehnsucht nach einem Gegenüber nur der Schmerz der alten Narbe? Auch in unserer Zeit wird das Ideal des in sich geschlossenen, auf sich zurückgezogenen, »autonomen« Menschen beschworen.

Die jahwistische Urgeschichte setzt dagegen das ganz nüchterne Bekenntnis zur Angewiesenheit des Menschen auf ein Du. Und diese Angewiesenheit ist nicht Strafe, sondern Hinweis auf das Heil, von Gott bejaht und ermöglicht. Nicht einmal die paradiesische Nähe Gottes, so der Jahwist, ist Ersatz für ein Gegenüber, das uns entspricht und ähnlich ist. Die Sehnsucht nach Liebe ist nicht Schwäche oder Strafe, sondern Chance des Menschen.

(2) Die Begegnung mit den Tieren schildert der Jahwist als ersten Schritt auf der Suche nach dem Du. Diese Erfahrung der Mitgeschöpfe ist nicht nur ein mißlingender Versuch, sie begründet durchaus eine Verbindung. Indem der

Mensch den Tieren Namen gibt, werden diese ansprechbar für den Menschen; die Benennung ist Aufnahme in eine Gemeinschaft und nicht so sehr Bemächtigung. Ja, erst in der Begegnung mit dem Tier wird der Mensch zu einem vom Tier unterschiedenen, sprechenden Lebewesen.[8] Und doch sind Tiere noch nicht das dem Menschen entsprechende und antwortende Gegenüber. Da, wo sie vermenschlicht werden, wo sie einen nahen Menschen ersetzen sollen, wo sie zum Ziel menschlicher Sehnsucht nach Freundschaft,Zärtlichkeit und Gemeinschaft werden, da wird diese Einsicht eher bestätigt als widerlegt.

(3) Darum setzt die Schöpfungskraft Jahwes erneut an, und aus der Rippe des Menschen schafft Er diesem eine entsprechende Hilfe, die Frau, einen anderen Menschen und eine andere Weise des Menschseins. Sie ist Adam ganz eng verwandt und doch entscheidend anders als er.

Was bedeutet das Bild von der Erschaffung der Frau aus der Rippe? Sicher keine Abwertung, die Frau ist kein zweitklassiger Mensch, keine billige Kopie Adams, sondern eine Entfaltung des Menschseins. Doch warum wird sie beschrieben als von der Rippe genommen? Weder der Verweis auf eine angebliche Ähnlichkeit der sumerischen Worte für »Frau« und für »Rippe« noch der auf die Ähnlichkeit der Rippe mit dem Halbmond als Symbol der Weiblichkeit scheinen mir sehr erhellend. Auch die alte allegorische Deutung, die besagt, die Frau sei nicht geschaffen aus den Füßen des Mannes, damit dieser nicht auf ihr herumtrample, und auch nicht aus seinem Kopf, damit nicht sie ihm auf dem Kopf herumtanze, sondern aus der Rippe, damit sie seinem Herzen nahe sei, scheint mir noch nicht die Tiefe der in diesem Bild bewahrten Einsicht und Erfahrung auszudrücken.

Vielleicht können wir solch komplizierte Deutungen zurückstellen und uns fragen nach dem, was eine Rippe ganz augenscheinlich bedeutet und bewirkt. Der ganze menschliche Körper ist geschützt und gestützt durch die Knochen, die uns tragen und unsere inneren Organe absichern. Aber diese Sicherung ist nicht lückenlos; der Unterleib ist ungeschützt, verwundbar. Eine weitere Rippe hier könnte die Verwundbarkeit des Menschen verringern. Er wäre dann nicht mehr offen, sondern in sich geschlossen, zu. Doch diese Rippe, dieses Symbol der Unverletzbarkeit und Verschlossenheit, muß der Mensch hergeben für sein Gegenüber – sie ist der Preis der Liebe. Wer je geliebt hat, wird diese Erfahrung nachvollziehen können: Liebe macht verletzbar, das ist ihr unverzichtbarer Preis. »Sogar die mildeste Form menschlicher Intimität beinhaltet ein Risiko«[9]; wer vertraut, sich öffnet, sein Herz an einen anderen Menschen hängt, der wird enttäuschbar und verletzbar. »Verwundbarkeit« ist damit ein Wesensmerkmal der Liebe[10], und daß zwei Menschen sich lieben, bedeutet auch, daß sie miteinander »die Freuden und Leiden ihrer Verletzbarkeit genießen und ertragen können«[11].

Niemand vermag mich so zu verletzen wie der Mensch, den ich liebe – und doch, was wäre das für ein Leben, dem der Mut zu solchem Risiko und Vertrauen fehlt! Wer nicht liebt, ist »zu«. Wer unverwundbar sein will, ist beziehungsunfähig. Wenn in unserer Gesellschaft in allen Bereichen und Beziehungen, von den intimen bis zu den politischen, die Angst vor Enttäuschung und Verletzung stärker wird als das Ja zum Leben, wenn es gilt, »wenig zu leben, um nicht viel zu sterben«, weil »Leben heißt, den Tod riskieren«[12], dann ist das ein Nein zu dem Lebensentwurf, der uns durch Gott vor- und aufgegeben ist. Ob wir Beziehung und Liebe riskieren und Vertrauen wagen um den Preis der Verwundbarkeit und Enttäuschbarkeit, das ist eine »Bekenntnisfrage«. Sie ist tief verbunden mit jener unverzichtbaren, aber skandalösen und deshalb immer wieder ausgesparten Grunderfahrung unseres Glaubens, daß Gott selbst aus Liebe zur Schöpfung Seine Verwundbarkeit riskiert – bis zu Galgen und Grab. Gott selbst teilt die Verwundbarkeit der Liebenden als unabdingbaren Wesenszug der Liebe. Wer sich liebend verwundbar macht, der ist Gefährte Gottes, der handelt nicht nur, wie der Jahwist sagt, nach Seinem Auftrag, sondern nach Seinem Wesen. Ermutigung, diesen Preis der Liebe zu zahlen, ist deshalb wichtiger als die Verkündigung moralischer Normen. Freilich bleibt auch zu bedenken, daß ich mit jeder Rippe, mit jeder scheiternden und zerbrechenden Liebesbeziehung, ein Stück von mir selbst verliere und mich schließlich selbst verlieren kann.

(4) Aus seinem Tiefschlaf erwacht, bricht der Mensch in Jubel aus über sein Gegenüber. Er erwacht zu neuem Leben in der Begegnung mit der Frau. Hier finden wir die erste biblische Auferstehungsgeschichte: Der Mensch wird auferweckt aus der Einsamkeit durch die von Gott geschenkte und geschaffene Liebe eines anderen Menschen! In der Frau erkennt Adam sich wieder; die »Zweisamkeit« ist Überwindung der Einsamkeit und zugleich die Voraussetzung und der Weg zu wirklicher Einheit. »Diese nun ist's«, jubelt der Mensch, erst in der Vereinigung mit dem andersgeschlechtlichen Du findet der Mensch zur vollen menschlichen Persönlichkeit; er wird, wie der andere biblische Schöpfungsbericht sagt, zum Bild Gottes berufen.

Die Namensgebung ist noch stärker als bei der Benennung der Tiere ein gemeinschaftsstiftendes und nicht herrschaftsbegründendes Ereignis: »ischa (Frau) soll sie heißen, denn vom isch (Mann) ist sie genommen« – damit wird gerade keine Abhängigkeit der Frau vom Mann begründet, sondern im Gegenteil die Ablösung des Mannes vom Elternhaus, herbeigeführt durch die Erfahrung der Frau. Und das meint mehr als die Gründung eines neuen Hausstandes. Die Begegnung mit dem anderen Geschlecht ist die große Herausforderung des Menschen, den Lebensformen und Denkmustern des Kindes zu entwachsen. Um diese Herausforderung zu bestehen und nicht erneut vom Geliebten jene totale Fürsorge und Hingabe zu verlangen, die kleine Kinder ihren Eltern abverlangen und die unsere »regressiven« Wünsche immer wieder fordern, ist es nötig, den geliebten Menschen als Gabe Gottes zu sehen, aber nicht als dessen Ersatz.

Der Theologe und Psychotherapeut Eugen Drewermann schreibt dazu: »Die Liebe zwischen Mann und Frau ist eigentlich nur möglich, wenn ein jeder der Ehepartner sich selbst so weit in Gott geborgen weiß, daß er davon lassen kann, jenen Halt im anderen wiederzusuchen, den er als Kind in Vater und Mutter besaß (oder jedenfalls zu besitzen suchte)... So wie die Geborgenheit bei den Eltern nur das erste Stadium, die erste Verheißung einer Geborgenheit bildet, die unendlich über das hinausweist, was Vater und Mutter einem Menschen sein können, so ist auch die Liebe zwischen Mann und Frau nur insoweit wirklich, als sie über sich hinausweist, auf den Halt und die Geborgenheit hinweist, die ein jeder in Gott besitzt... denn nur in der Bindung an Gott kann ein Mensch den anderen so gelten lassen, wie er wirklich ist, ohne seine Person mit absoluten, göttlichen Erwartungen aus dem Umkreis der Elternarchetypen zu überziehen... Nur im Glauben ist es möglich, wirklich ›Vater und Mutter zu verlassen‹.«[13]

Die paradiesische Liebe beschreibt der Jahwist abschließend mit dem Bild der Nacktheit ohne Scham. Nacktheit ist in diesem Zusammenhang kein erotischer Begriff; ebenso fehlt der Beigeschmack des »Unsittlichen«. Nackt erschienen zur damaligen Zeit nur Kinder, Sklaven, Gefangene, Menschen minderen Status also. Wer etwas auf sich hielt, der demonstrierte durch seine Bekleidung seine öffentliche Stellung. Wer nackt ist, der ist bloßgestellt. Und Scham ist nicht nur ein Gefühl der Reue, Ergebnis des schlechten Gewissens. Scham hängt nicht unbedingt zusammen mit Schuldbewußtsein, wohl aber immer mit dem Gefühl des Ungenügens. Scham stellt sich ein, wo sich ein Mensch lächerlich gemacht fühlt, wo er in den Boden versinken möchte, weil er den Ansprüchen und dem Urteil der anderen nicht entsprechen kann, weil er bloßgestellt wird.[14] Wer hingegen die Masken und Hüllen von Körper und Seele fallen lassen kann, wer hervortreten kann hinter zugewiesenen und angenommenen Rollen, der hat die Angst vor der Lächerlichkeit überwunden.

Und nirgends wird diese Angst eher überwunden als in liebevoller Zweisamkeit. Das Wissen, daß ich mir vor dem anderen eine Blöße geben geben kann und doch nicht bloßgestellt bin, ist eine der schönsten Erfahrungen in der Liebe; so wie ich bin, mit meinem unvollkommenen Körper, meinem beschränkten Geist, meiner zerrissenen Seele genüge ich dir! Scham-loses Vertrauen ist das Kennzeichen paradiesischer Vereinigung zweier Leben in Liebe und Zärtlichkeit.

(4) Halten wir fest: Der Mensch ist, so sagt es der Jahwist, zur Zweisamkeit bestimmt, ermutigt zum Risiko der Liebe, befähigt zum Auszug aus den Kindererwartungen an der Seite eines geliebten Menschen und beschenkt mit der Möglichkeit scham-losen Vertrauens. Die Vereinigung von Leib und Leben zweier Menschen ist aber mehr als Bestimmung und Aufgabe des Menschen. Sie ist die »Urerinnerung an ein verschlossenes Paradies«[15]; ja sie ist der Schlüssel, der es wieder öffnen kann, wenn auch nur für die begrenzte Zeit, der Zauber, der das Flammenschwert in der Hand des Engels zu bannen vermag. »Ein verschlossener Garten bist du«, dürfen sich die Liebenden mit dem Hohenlied (4, 12) zurufen. Du bist für mich ein Paradies!

4. *Der Fall des Menschen* (Gen 3, 1–13)

Das Paradies ist in uns, aber doch verschlossen, verloren, der paradiesische Frieden ist zerstört. Auch das Paradies der Liebe geht tausendfach verloren im Sündenfall der Menschen. Aus Offenheit wird Verschlossenheit, Vertrauen wird enttäuscht, der Jubel weicht der Sprachlosigkeit. Der Preis der Liebe scheint zu hoch; die Möglichkeit, zu zweit die Einsamkeit zu überwinden, wird nicht mehr für bare Münze genommen. Wie kommt es zum Scheitern unserer Sehnsucht, fragt der Jahwist. Was zerstört unser Leben und unser Lieben? Was ist Sünde?

(1) Was ist die Wurzel aller Sünde, die Ursache des Sündenfalls? Ist es Hochmut und Stolz? Ist es Ungehorsam? Ist es Neugier? Mir scheint, all diese Deutungen verkennen die Tragik der Sünde. Denn die Geschichte des Sündenfalls ist eine Geschichte über die verhängnisvolle Macht der Angst. In der Begegnung mit der Schlange wirkt der Mensch keineswegs selbstsicher und überlegen, sondern geradezu hilflos. Die Schlange bringt den Menschen nicht mit einem Appell an seine Selbstherrlichkeit und Größe zu Fall, sondern sie jagt ihm abgrundtiefe Angst ein, indem sie die Grundlage seines Lebens in Frage stellt: das Vertrauen in die Güte Gottes. Hat Gott alles verboten, fragt sie. Dürft ihr von keinem Baum im Garten essen, sind euch die Früchte des Lebens verwehrt? In dieser Frage steckt eine ungeheuerliche Annahme, nämlich die eines grausamen, sadistischen Gottes. Denn das wäre er, wenn er den Menschen mitten hinein in den Garten des Lebens setzte und ihm doch alle Früchte dieses Gartens zu genießen verbieten würde. Wenn Gott alle Lebensmöglichkeiten verschließt, dann verliert der Mensch sein Leben, dann bleibt sein Hunger ungestillt, und er muß verkümmern.

Die Frau weist zwar die Unterstellung der Schlange zurück, sie erinnert an das ursprüngliche Gebot Gottes. Die Rollen scheinen dabei vertauscht: Gott ist der Frau nun vor allem gegenwärtig in der Todesdrohung, die Schlange hingegen spielt die Rolle der Verkünderin wahren Lebens. Am Ende der Versuchung sieht der Mensch in Gott nicht mehr seinen Lebensgrund, sondern seinen Feind. Und wenn er sein Leben, seine Würde, seinen Wert nicht durch und in Gott bewahrt sieht, dann muß er ohne Gott, gegen Gott oder an dessen Stelle sein Leben behaupten. Er selbst muß zum Maßstab werden, zum Gott, er selbst hat das Urteil zu fällen über Gut und Böse, über Wert und Unwert des Lebens. Doch dabei hat der Griff nach der verbotenen Frucht nichts von titanischem Stolz oder heroischem Aufbäumen gegen den Himmel. Adam und seine Frau gleichen weder dem Empörer Luzifer noch dem Rebellen Prometheus; sie sind lächerliche und zugleich traurige Gestalten. Ihre Bosheit ist nicht »kriminelle Energie«, sondern nichts als das Bestreben, sich aufzublähen und aufzuplustern[16], um so die Angst, die Selbstzweifel, das Gefühl der Minderwertigkeit und des Ungenügens zu überspielen. »Nur die Angst zwingt den Menschen dazu, sein Maß zu verlieren und mehr sein zu wollen, als er ist«, schreibt Eugen Drewermann, »aus Angst, ein Tier zu sein, muß er ein Engel werden, aus Angst, ein Nichts zu sein – ein Gott. Ein bloßer Mensch zu sein, erlaubt die Angst niemals.«[17]

(3) Doch der Versuch, wie Gott zu sein, wirft den Menschen nur um so gnadenloser auf sich selbst und die eigene Begrenztheit zurück. Als die Menschen die verbotene Frucht kosten, gehen ihnen – wie die Schlange verheißen hat – die Augen auf, und sie erkennen – daß sie nackt sind! Nicht die Einsicht und Erkenntnis ist größer geworden, denn die Sünde ist nicht ein Schritt vorwärts in der philosophischen oder psychologischen, kulturellen oder sexuellen Entwicklung; und schon gar nicht größer geworden sind die Menschen. Größer geworden ist nur der Maßstab, der Anspruch, mit dem sie sich selbst und den anderen sehen – bloßgestellt sehen. Wenn der Mensch zum Gott werden will oder muß, dann ist nicht Größe, sondern Blöße das Ergebnis. Wenn der Mensch die Rolle Gottes übernimmt, dann geht es ihm wie einem kleinen Kind, das in den Mantel des Vaters schlüpft: In der viel zu großen Rolle wirkt es nicht größer, sondern kleiner.

Jetzt bricht die Scham durch. Mit bitterer Ironie beschreibt der Jahwist den hilflosen Versuch der vorgeblich wissenden Menschen, mit der neuentdeckten Blöße zu leben: Feigenblätter sind ihre Antwort, zu klein, um sich dahinter zu verstecken, zu dünn, um Wärme zu geben, häufig stachelig, eine ebenso quälende wie notdürftige Antwort auf das Leben in Scham, Angst und Mißtrauen.

(4) Doch der Tiefpunkt des menschlichen Falls ist damit noch nicht erreicht. Der eigentliche Sündenfall geschieht erst in der Begegnung Adams mit Gott, in der Angst und Mißtrauen längst alles menschliche Vertrauen hinweggefegt haben und ihre verheerende Wirkung endgültig zeigen.[18] Denn warum, fragt schon eine alte jüdische Auslegung, hat Gott den Menschen nicht vergeben? Ist doch Seine Barmherzigkeit unendlich viel größer als unser Versagen, Seine Liebe stärker als unsere Schuld. Er konnte nicht vergeben, weil Er nicht um Vergebung gebeten wurde. Als Gott den Mann fragte: Was hast du getan?, sagte der: die Frau, die Du mir gegeben hast, hat mich verführt. Und als Er die Frau fragte, sprach die von der Schlange. Eine Schuld aber, die nicht eingestanden und bekannt wird, kann nicht vergeben werden.

So siegt nun endgültig die Angst; sie hat das Vertrauen zerstört, sie verhindert das Eingeständnis der Schuld und damit die Möglichkeit der Vergebung. So zerbricht endgültig das Einverständnis mit Gott. Zugleich zerbricht aber auch die Zweisamkeit. Sie könnte und sollte Vereinigung bedeuten und endet doch in Entzweiung. Die sich berufen fühlten, ein Leib und ein Leben zu werden, werden Rivalen in Scham und Schuld. Rette sich, wer kann – so lautet die Parole der gefallenen Menschen.

(5) So ist der Mensch zu Fall gekommen und kommt täglich neu zu Fall. Da wächst in ihm der Zweifel, ob das Leben im Grunde gut sei, ob Gott wirklich Lebensatem, Lebenswillen gibt. Ob der Mensch es wohl verdient habe, das Leben geschenkt zu bekommen, und wie er es verdienen könnte. Ob Vertrauen ins Leben nicht doch eine Illusion sei und die Wirklichkeit statt dessen Kampf und Selbstbehauptung. Und aus dem Zweifel wird die Angst, nicht der sein zu können, der man ist.

Im Zusammenhang der Frage nach Glauben und Zärtlichkeit ist zu bedenken, ob nicht der Sündenfall immer wieder auch im Bereich der Sexualität geschieht. Nicht, als ob die erotische Liebe Sünde sei und ihre Entdeckung der Sündenfall[19]; wohl aber haben zahllose Menschen gerade im Garten der Liebe der Schlange geglaubt; sie haben Gott gesehen und erfahren nicht als den Verbündeten ihres Lebenswillens und ihrer Zärtlichkeit, sondern als die Verkörperung und Überhöhung lebensfeindlicher, unverständlicher, quälender Zwänge. Zweifel, ob Gott es gut meine mit uns Menschen, wurden gerade hier geweckt; hier nahm manche »Emanzipation« aus der Bindung an Gott ihren Anfang, eine Emanzipation, die freilich selten aus Scham und Rivalität befreite.

5. *Der Fluch des Lebens* (Gen 3, 14–19)

Eine Betrachtung der Erzählung von Paradies und Sündenfall könnte sinnvoll und mit einiger Berechtigung auch ansetzen bei dem Fluch, der nach Gen 3, 14–19 auf dem Leben liegt. Denn dies verfluchte Dasein ist die Wirklichkeit, die der Jahwist um sich sieht. Er kann diese Wirklichkeit aber nicht einfach versöhnen mit seinem Glauben an einen Gott, der den Menschen heil und im Frieden, im Paradies will. Deshalb deutet er sie als Konsequenz des Sündenfalls, des menschlichen Scheiterns. Der Fluch im Munde Gottes ist nicht die Vergeltungsmaßnahme eines rächenden und richtenden Herrgotts, der den Ungehorsam und Freiheitsdrang seiner Geschöpfe bestraft. Vielmehr ist der Fluch wie schon die aufbrechende Scham und Rivalität Folge und Ausdruck jener Entfremdung, die die Menschen in ihrer Angst heraufbeschworen haben und die Gott nun in ihrer ganzen Tragweite an- und ausspricht.
(1) Feindschaft herrscht zwischen der Frau und der Schlange, eine Feindschaft, die grundsätzlich ist und alle

Nachkommen einbezieht. Feindschaft herrscht zwischen tierhafter Natur und menschlichem Bewußtsein um uns und in uns. Entfremdet sind wir den natürlichen und »triebhaften« Kräften, auch der Sexualität. Wir haben keinen Namen mehr dafür, die freundschaftliche Gemeinschaft ist zerbrochen. Wir treten die Natur um uns und in uns zu Boden, aber ihr Biß wird uns noch erreichen, vergiften und das Leben kosten.

(2) Vernichtend getroffen werden die Lebenskräfte der Frau. Die Weitergabe des Lebens, jene Kraft, die Menschen immer als heilig und den Göttern ähnlich machend empfunden und verherrlicht haben, ist Schmerz, Qual, Weg zum Tod. Pervertiert wird auch das Wesen der Liebe, und schwerer getroffen davon ist – so sieht es der Jahwist – die Frau. Nicht weil sie die Schuldigere wäre – denn die schwerere Schuld, die Verleugnung und Bestreitung der ersten Schuld, ging vom Mann aus –, sondern weil sie die Schwächere ist. Ihr Verlangen nach Zärtlichkeit und Geborgenheit wird beantwortet mit den Macht- und Besitzansprüchen des Mannes. Dabei hat man oft vergessen, daß das nicht das eigentliche Sein ist; »der Patriachalismus ist ein Fluch des Menschen, keine Grundbestimmung«[20].

(3) Der Mensch, der Mann, ist der eigenen Arbeit entfremdet. Sie ist nicht mehr ein Bauen und Hüten, sondern dornige Plackerei, ständige Erinnerung der Endlichkeit und Vergänglichkeit, mühselig, unbefriedigend, sinnlos. Das Leben blüht nicht mehr, es muß der feindlichen Erde abgerungen, abgetrotzt werden. Die Welt ist so zerrissen wie der Mensch in sich, die Außenwelt spiegelt die Innenwelt.

(4) Das Dasein, das uns hier geschildert wird, ist wirklich verflucht und trostlos – »von der Natur entfremdet, in einer Gesellschaft, die auf Konkurrenz begründet ist, ist der Mensch in der Ich-Katastrophe sich selbst überlassen«[21]. So kann man die Welt sehen, bis heute. Was der Jahwist uns sagen will, faßt Eugen Drewermann so zusammen: »Solange der Mensch in der Einheit mit Gott lebt, ist diese

Welt ein Paradies... Getrennt von Gott erscheint dem Menschen das Dasein als radikal nichtig und vergänglich.«[22] Und der Mensch verliert immer wieder »aus lauter Angst, symbolisiert durch die Schlange des Nicht-Seins, Gott aus den Augen, und von da an erscheint der Garten Gottes ihm als drohende Wildnis; im Kampf um das bloße Überleben verlernt er schließlich sogar das Allermenschlichste: Die Liebe... Sie wird zu dem Versprechen eines Glücks, das unter den veränderten Bedingungen der Angst niemals eintreten kann, zu einer unvermeidbaren Enttäuschung, zu einem Fluch.«[23]

6. *Jenseits von Eden* (Gen 3, 20–24)

Feindschaft und Entfremdung, Sünde und Tod liegen als Fluch auf dem Leben. Wäre ihre Macht freilich so endgültig und unbegrenzt, wie es die bisherige Schilderung des Jahwisten nahelegt, so wären Resignation, Pessimismus und Weltekel nicht nur verständlich, sondern die einzig angemessenen Haltungen. Das liegt jedoch nicht in der Absicht der jahwistischen Geschichtsdeutung; der Jahwist läßt nach der düsteren Analyse der »natürlichen« Menschheitsgeschichte mit ihren Sündenfällen in den Urgeschichten Gen 2–11 einen Neuanfang Gottes mit Abraham und in der Folge mit Israel beginnen, eine Geschichte in der Weltgeschichte und zugleich gegen sie, eine Geschichte zum Heil und Segen für alle Völker, für alles Leben.[24] Aber auch schon der Ausklang der ersten Sündenfallerzählung enthält Andeutungen eines »Proto-Evangeliums«, Ahnungen davon, wie das Leben sich gegen die Übermacht von Tod und Sünde durchzusetzen sucht.

Da ist einmal die Benennung der Frau durch Adam; Eva soll sie heißen, als »Leben« wird dieser Name verstanden, »Mutter aller Lebenden« soll sie sein. Das mag sicher auch eine gewisse Verkennung der Situation bedeuten, wäre doch angesichts der vorausgegangenen Geschehnisse der Name »Mutter des Todes« ebenso angebracht. Aber darin liegt auch ein Ja zum Leben, trotz der verzweifelten Situation. Adam und Eva geben nicht auf, und wenn die Kinder auch Kain und Abel sein werden, Mörder und wehrloses Opfer.

Und ein doppeltes Eingreifen Gottes zur Rettung der Menschen wird uns erzählt: Zunächst macht er den Menschen Kleider aus Fell, bekleidet ihre Blöße anders als sie mit den Feigenblättern. Selbst jenseits von Eden bleibt Gottes Güte Voraussetzung menschlichen Überlebens in der Wildnis des Lebens; Er ermöglicht den verängstigten, mißtrauischen, von Scham und Minderwertigkeitsgefühl zerrissenen Menschen, daß sie sich einen Rest Ansehen und Selbstachtung bewahren können, einen Rest Geborgenheit, ohne die Leben nicht möglich ist. Und er verweist die Menschen aus dem Garten, in dessen Mitte noch immer der Baum des Lebens lockt. Auch dies ist weniger Strafe als Vorsichtsmaßnahme, Schutz des Menschen vor sich selbst. Wie verheerend für ihn hat sich der Griff zum Baum der Erkenntnis ausgewirkt. Was mag erst geschehen, wenn er sich am Baum des Lebens vergreift?

7. *Als Mann und Frau schuf Er sie – Fazit und Ausblick*

(1) In einer heillosen, nicht mehr an Gott gebundenen und in Ihm geborgenen Welt herrschen Gewalt, Entfremdung, Tod. Gerade auch in der Mitte des Lebens, im Zueinander von Mann und Frau. Unerfüllte Sehnsucht und lieblose Herrschsucht kennzeichnen immer wieder ihr Zusammenleben. So wird die Seele zur Wüste und die Welt zur Wildnis. Aber diese Zerrissenheit und Entzweiung ist nicht das Wesen, sondern der Fluch des Lebens.

(2) Von Gott ist das Leben anders gewollt: Danach soll der Mensch seine Endlichkeit annehmen und der Erde verbun-

den sein, aufbauend, behutsam im Einsatz für das Leben, rücksichtsvoll die Grenzen beachtend, die das Leben schützen. Angewiesen ist er auf ein Gegenüber, doch diese Sehnsucht findet ihr Ziel, wenn der Mensch sich öffnet und den Preis der Liebe zahlt, sich verwundbar macht. Dann vermag er sich wiederzufinden im anderen, und in der Liebe kann er »Vater und Mutter verlassen«, sich herausfordern lassen zu »erwachsener« Lebenshaltung. Die endliche Liebe ist ihm Verheißung, nicht Ersatz unendlicher Liebe; dann darf er der sein, der er wirklich ist, ohne sich zu schämen.

(3) Der Grund, warum zwischen dem Sein und dem Sollen, zwischen irdischer Wirklichkeit und himmlischem Entwurf, ein Abgrund liegt, ist nicht einfach der »freie Wille« oder die Bosheit der Menschen. Eher ist es die Daseinsangst, der bohrende Zweifel, ob ich wirklich annehmbar und liebens-würdig bin als der, der ich nun einmal bin. So beginnt das teuflische Spiel von Selbstbehauptung und Selbstrechtfertigung, das uns die eigene Blöße nur doppelt schmerzlich bewußt macht; es treibt uns dazu, sie zu überspielen, indem wir uns mit anderen vergleichen und sie abwerten. Die Liebe wird der Rivalität geopfert, die darin ihren Trost findet, daß der andere noch schlechter, ungenügender, wertloser erscheint als ich.

(4) Der Fluch ist Wirklichkeit, der Sündenfall ist tägliche Erfahrung. Aber das Paradies ist mehr als eine Erinnerung. Manchmal, wenn die Dämonen der Angst und der Rivalität vertrieben werden, ist es für Stunden mitten unter uns. Christsein heißt nicht, den Fluch, den Fall, die »Erbsünde« zu leugnen, wohl aber ihre endgültige Macht. Wir suchen den Weg zurück ins Paradies, dessen Türe uns durch Christus geöffnet wurde.

Zwischen Gesetz und Gnade

Eine Rückbesinnung auf die christliche Gotteskunde und den Unterschied zwischen »moralischer« und »sakramentaler« Lebensweise

Die Erfahrungen der Liebe zwischen Mann und Frau bestimmen die gesamte Welt-Anschauung des Menschen mit. Hier werden grundlegende Heils- und Unheilserfahrungen gemacht, hier geschieht öfter als sonst der Sündenfall, hier steht aber auch mehr als in anderen Erfahrungshorizonten das Paradies offen. Diese Sicht des Jahwisten – durchaus gestützt durch moderne psychologische und soziologische Erkenntnisse – bildete den »anthropologischen Ansatzpunkt« unserer Überlegungen; er gab uns ein Bild des Menschen und seines Weges vor. Dieses Menschenbild ist nun zu ergänzen und fortzuführen durch eine Besinnung auf das in der christlichen Gotteskunde überlieferte Gottesbild. Denn der Weg des Menschen erhellt sich – nach christlichem Glauben – erst dadurch, daß er mit dem Weg Gottes zusammengesehen wird. Wir müssen also grundsätzlich theologisch fragen und dürfen nicht gleich »moraltheologisch« fragen nach der Bewertung unterschiedlicher sexueller Verhaltensweisen.

Dabei sei noch einmal kurz erinnert an das schon angesprochene Verhältnis von Religion und Moral. Es ist ein Kennzeichen biblischen Gottesglaubens, daß er die Beziehung des Menschen zu Gott nicht trennt von den Beziehungen der Menschen zueinander. Gottesliebe ohne Menschenliebe ist Lug und Betrug, und der Gottesdienst der Menschenschinder ist Lästerung. Doch in dieser unverzichtbaren Verknüpfung liegt auch die Gefahr der Verwechslung. Spätestens seit der Aufklärung wurde Religion immer wieder auf ihren »Nutzen« reduziert, auf die »Sittlichkeit«. Die Kirche hat dieser Rollenzuweisung nicht immer erfolgreich widerstanden, was sich etwa in der weitgehenden »Verselbständigung der christlichen Morallehre gegenüber der Glaubenslehre«[1] zeigt. Dabei ist für den Christen »das Ethische... lediglich etwas Abgeleitetes, eine bloße Funktion des Religiösen«[2]. Erst wenn ich mir glaubend gewiß werde, wer ich bin, kann ich mir sinnvoll die Frage stellen, was zu tun ist. Religion hat keinen unmoralischen, wohl aber einen »übermoralischen Charakter«[3]; wo Moral nicht als Folge, sondern als Wesen der Religion verstanden und verkündet wird, da wird sie zur tödlichen Bedrohung des Glaubens wie des menschlichen Heils.

1. *Gottesbilder*

Jeder Mensch, auch der theoretische oder praktische Atheist, trägt in sich ein »Gottesbild«. Denn jeder Mensch bewahrt in sich Überzeugungen, Sehnsüchte, Ahnungen von dem, was Leben ausmacht, was es sinnvoll sein läßt, worauf es ankommt. Jeder Mensch hängt sein Herz an etwas. Religiöse Menschen nennen den geglaubten endgültigen Sinn und tragenden Grund ihres Lebens »Gott«.

Dieses Wort ist freilich nicht eindeutig. Nicht jeder, der an einen Gott glaubt, ist deshalb schon dem Evangelium begegnet. Entgegen einem häufig zu hörenden, scheinbar sehr toleranten Satz glauben wir nämlich keineswegs alle an denselben Gott. Nicht allein zwischen Religionen und Konfessionen verlaufen Trennungslinien; unterschiedliche Gottesbilder finden wir vielmehr auch innerhalb einer Glaubensgemeinschaft, in einem Bekenntnis. Sichtbar werden sie in den unterschiedlichen Lebenseinstellungen und im unterschiedlichen Lebensgefühl. Denn unsere Gottesbilder sind nicht deckungsgleich mit den Gottesvorstellungen aus der Höhe dogmatischer Theologie, sie stammen häufig eher aus den Tiefen unserer Seele; dort sind sie lebendig und wirksam, weitgehend unberührt von »hoher Theologie«, wohl aber geprägt durch vielfältige Lebenserfahrungen. Und gerade angesichts solcher Gottesbilder müssen sich Christen in Erinnerung rufen, an welchen Gott sie glauben: nicht an einen »Herrgott«, nicht an einen »lieben Gott«, den man einen guten Mann sein läßt, nicht an ein gesichts- und namenloses Schicksal, nicht an den »unbewegten Beweger«, nicht an eine überirdische Kontrollinstanz; sondern an Jahwe, den »Ich bin da«, den Gott Israels und Vater Jesu Christi, von dessen Wirkung die Bibel erzählt und den die Glaubenstradition der Kirche als den »dreieinigen« Gott bekennt.

Die Gottesfrage ist die entscheidende, ja alles entscheidende Frage des Glaubens. Es gibt unzweifelhaft lebenswichtige Themen für die Menschheit wie den Einzelnen, zu denen die Kirche sprechen muß. Aber weder über den Frieden noch über die Liebe werden wir Sinnvolles sagen können, wenn wir nicht unsere Gotteskunde zugleich weitersagen. Doch gerade hier, in den Schlüsselfragen, herrscht Unklarheit und folglich Schweigen auch bei praktizierenden Christen. Daß in unserer Kirche über Meßdienerinnen mehr diskutiert wird als über die Trinität ist sicher erklärlich, bleibt aber ein Skandal.

Wir werden uns bei der Besinnung auf die biblisch-christliche Gotteskunde auf eine bildhafte und scheinbar naive Sprache einlassen müssen. Wir sollten uns aber hüten, die räumlichen Vorstellungen, in denen hier Gotteswissen ausgedrückt wird, als »vor-aufgeklärt« abzutun. Die Rede von »äußeren Welten« bewahrt anschauliches Wissen um »innere Welten« und einen »geistlichen« Sinn.

2. Die erste Gotteskunde: Gott ist wie der Himmel

Die grundlegende Gotteserfahrung haben Menschen festgehalten mit dem Bild des Himmels. Gott ist im Himmel, damit meinten sie, Gott ist wie der Himmel, »oben«, »oberhalb« menschlicher Möglichkeiten. Sie drückten damit die Erfahrung des Unterschieds zwischen Gott und dieser Welt aus, die Einsicht, daß es mehr und Größeres, Anderes gibt als unsere irdische Wirklichkeit. Wie der Himmel ist Gott nie zu erreichen. Auch wenn du auf die höchsten Berge steigst, die Wolken durchstößt – der Himmel bleibt über dir, unfaßbar. Und wie der Himmel ist Gott unfaßbar, jenseits unserer Möglichkeiten und Vorstellungen. Der Himmel scheint am Horizont mit der Erde zu verschmelzen, du jagst ihm nach, aber nie kommst du ihm näher. Immer wieder meinen Menschen, an bestimmten Zielpunkten ihres Lebens hätten sie den Himmel erreicht. Doch wenn sie an ihr Ziel kommen, merken sie, daß der Horizont ihrer Erwartungen sich verschoben hat, weiter geworden ist, unerreicht bleibt. Wie der Himmel ist Gott, das wußten die Gottsucher der alten Zeit. Du wirst Ihn nicht erreichen, aber wo immer du hingehst, der Himmel wird über dir sein, immer umfaßt er die Erde, geht er über deinem und allem Leben auf. Gott ist »oben«, wir Menschen sind »unten«.

3. *Die erste Selbsterfahrung des Menschen und die Versuchung des Turmbaus zu Babel*

Wir Menschen sind »unten«. Sobald wir uns als einzelne erfahren, erfahren wir uns auch als klein, unbedeutend, ungenügend, ausgeliefert, hilflos. Eine tiefe Daseinsangst scheint das Schicksal des Menschen zu sein. Hineingeboren wird er in eine Welt, in der er fast unausweichlich empfindet, nicht »in Ordnung« zu sein. Ja, diese Empfindung werden gerade jene Menschen – in der Regel seine Eltern – in ihm hervorrufen, auf die er besonders angewiesen ist, die ihm besonders lieb sind, die ihm wie Götter erscheinen, gut und groß und dennoch unbegreiflich. Daß

66

diese Menschen ihn aus Liebe, Fürsorge und Verantwortungsbewußtsein immer wieder »zur Ordnung« rufen, kann das kleine Kind nicht verstehen.[4] Der Zweifel an der eigenen Daseinsberechtigung und Liebens-Würdigkeit, die Angst und das Gefühl der Minderwertigkeit sind in unserem Blut und in unserer Seele. Was liegt da näher, als sich und anderen zu beweisen, daß wir es verdienen, zu leben und geliebt oder zumindest respektiert zu werden?

Beschreiben wir diese Lebenserfahrung noch einmal mit der Bilderwelt der biblischen Sprache und der religiösen Vorstellungen. Menschen versuchen durch vielfältige Leistungen, sich den Himmel zu verdienen, also letztlich zu sein wie Gott. Doch sie können bei diesem Versuch nur scheitern, denn jeder Mensch könnte besser sein, mehr tun, jeder bleibt anderen Menschen und Gott noch etwas schuldig.[5] Dem Menschen, der Gottes Liebe als den Lohn für ein gottgefälliges Leben versteht, bleibt im Bewußtsein seines Ungenügens nur ein Trost: der Blick auf die, die noch weniger vorzuweisen haben, der Verweis auf die Rivalen, die zurückgeblieben sind hinter mir beim gnadenlosen Wettlauf auf der Leiter zum Himmel.

Die Folge dieses Sündenfalls ist eindrucksvoll beschrieben in der Erzählung vom Turmbau zu Babel (Gen 11, 1–11): Nicht nur Gott bleibt unerreichbar, auch der Menschenbruder wird mir fremd und fern, Rivale und Konkurrent.[6] Je mehr ich mich einlasse auf den Weg des Turmbaus, um so deutlicher werde ich mein Ungenügen erkennen, um so mehr wird mich, wie Paulus schreibt, das »Gesetz«, das ich zu erfüllen suche, um Gott zu gefallen, als Sünder überführen. Um so mehr Rivalen werde ich sehen und brauchen, mit denen ich mich vergleichen kann, um, wenn schon nicht gut, so doch wenigstens besser als die zu sein.

Ob dieser Wettlauf um die Gunst des Himmels geht oder um gesellschaftliche Anerkennung, macht in der Wirkung auf den Menschen und sein Selbstbewußtsein kaum einen Unterschied. Ob ich meinen Wert zu beweisen und verdienen suche durch Erfüllung religiöser Gebote oder in beruflichen oder sonstigen Karrieren, durch Leistung oder Allmachtsphantasien oder auch durch Konsum, durch das, was ich mir leisten kann – das bleibt sich letztlich gleich. »Liebe«, die nur Gegenliebe ist, Entlohnung für Wohlverhalten, an Bedingungen geknüpft, solche »Liebe« etwa zwischen Eltern und Kindern oder zwischen Mann und Frau ist nicht »Himmel«, sondern dessen Verkehrung ins Gegenteil, »Hölle«. Die Bibel freilich erzählt von der ersten bis zur letzten Seite von der liebevollen Hinwendung Gottes zu Seiner Schöpfung und zu Seinen Menschen. Nicht durch den »Aufstieg« des Menschen werden Himmel und Erde versöhnt und geschieht die Erlösung von der Daseinsangst, sondern durch den »Abstieg« Gottes.

4. Der »Abstieg« Gottes oder wie Jesus Gott vorgelebt hat

Gegen das Gesetz des Turmbaus setzt die Bibel den Glauben Israels und die Erfahrung der frühen Kirche, daß nicht wir in den Himmel kommen, sondern daß der Himmel zu uns kommt. »Dein Reich komme«, heißt es im Grundgebet der Christen, und Altes wie Neues Testament beschreiben in immer neuen Liedern, Bildern und Gleichnissen die »Gnade«, die bedingungslose und rückhaltlose Zuneigung und Zuwendung Gottes zu Seiner Schöpfung und zu Seinen Menschen. Das Ja-Wort zu seinem Leben kann der Mensch sich nicht selber geben; aber Gott hat es längst gesagt und geschenkt, nicht als Lohn, sondern aus Liebe. Dieses Wort, so bekennen Christen mit dem Johannesevangelium, ist nicht nur eine theologische These, sondern es ist Fleisch, Mensch geworden in Jesus. In seinem Leben hat die Gnade Gottes Gestalt angenommen, er ist das wirkliche Bild Gottes, er hat Gott vorgelebt. Die Menschen, die er bewegt hat, erkannten und erkennen in ihm den »Sohn Gottes«.

So wie Jesus ist, so ist Gott. Er begegnet dem Zachäus nicht mit Ermahnungen und Ansprüchen, sondern mit dem Angebot der Freundschaft; er kleidet es sogar in eine Bitte, eine Werbung, so daß Er selbst sich kleinmacht, um die Kleinen nicht beschämen, kleinmachen zu müssen.

Wo Jesus ist, da ist Gott. Gegenwärtig in einem zu Tode Gefolterten, einem Gehängten. Das Kreuz ist so sehr zum sakralen Schmuckstück geworden, daß wir seine brutale Grausamkeit oft gar nicht mehr wahrnehmen.[7] In tieferes Elend körperlicher und seelischer Qual konnte ein Mensch damals kaum gelangen. Und Gott teilt in Jesus dieses Schicksal. Er steigt herab bis in den dunkelsten Winkel des Daseins, zerschlagen, gedemütigt, von Himmel und Erde verlassen.

Wenn die mittelalterlichen Maler die »Höllenfahrt Christi« malten, so haben sie die Konsequenz von Kreuz und Grab zutreffend ausgemalt. Gott geht in die Hölle diesseits und jenseits des Todes, damit es keinen gottlosen Ort, keine endgültige Hölle mehr gibt. Denn selbst »ganz unten«, ja gerade da, gilt Sein Ja-Wort.

Der Himmel ist unfaßbar, Gottes Liebe kann niemand verdienen – und muß niemand verdienen. Sie ist uns immer schon geschenkt. In Jesus, so haben Christen von Anfang an erkannt und bekannt, hat Gottes Gnade und Zuneigung Gestalt angenommen, hat Gott unser Leben und unseren Tod angenommen, hat Er uns gezeigt, daß nichts uns von Ihm trennen kann.

5. *Die Wirkung Gottes oder wie uns Sein Geist bewegt*

Dieser »Abstieg Gottes« ist die Mitte des christlichen Glaubensbekenntnisses. Wird dieser Glaube freilich nur bekannt und nicht auch durch unser Verhalten bezeugt, dann verliert er seine Glaubwürdigkeit und seine Verständlichkeit. Denn die Nähe, Treue und Zuneigung Gottes wird zuerst und vor allem angedeutet und erahnt in nahen, treuen, liebevollen und mitfühlenden Menschen.

Wo der Abstieg Gottes nicht nur gewußt, sondern Gewißheit und Bewußtsein wird, wo Sein bedingungsloses Ja-Wort nicht nur theoretische Behauptung, sondern praktisch wirksam wird, da beginnt Erlösung. Da verliert der alte Fluch der Angst, Entfremdung und Rivalität seine Macht. Denn wer sein Leben von Gott bejaht, gewollt und angenommen weiß mit allen Schwächen, der kann darauf verzichten, seinen Wert und seine Liebenswürdigkeit selbst zu behaupten. Der muß sich seine Daseinsberechtigung nicht verdienen oder im Vergleich mit anderen beweisen. Der kann annehmen, daß mit seinem zugleich alles Leben von Gott gewollt und bejaht ist. Dann kann der Konkurrent wieder zum Menschenbruder, zur Menschenschwester werden.[9] Wo dieser Glaube befreiend und versöhnend wirksam wird, da wirkt und zeigt sich Gottes Energie, Sein »Heiliger Geist«. Als Kraft »in uns« drängt, ermutigt und befähigt Er uns, Seine Zuneigung, Seine Treue, Zärtlichkeit und Gnade weiterzugeben; so wird Er »durch uns« wirklich und nimmt immer neu Gestalt an. Er läßt uns selbst, die Kirche, zum »Gesicht Gottes« werden.

6. Die drei »Gesichter« Gottes

So ist dies, vereinfacht gesagt, die Gotteskunde der »Dreieinigkeit«, die Kunde von den drei Gesichtern (persona = lat. Gesichtsmaske, Rolle), die Gott für uns hat und die die Kirche seit alter Zeit im Kreuzzeichen erinnert: Gott kommt herab zu uns, damit wir zueinander kommen. Gott sagt ja zu uns, damit wir zueinander ja sagen. Er begegnet uns als der »Vater«, »über uns«, – mit dem Gesicht des Himmels. Er begegnet uns als der »Sohn«, »unter uns«, – mit dem Gesicht Jesu. Er begegnet uns als der »Heilige Geist«, »in uns« und »durch uns«, – mit dem Gesicht der

Kirche, mit unserem Gesicht, wenn wir Ihn bei uns einlassen.

Für unsere Suche nach einer Zusammenschau von Glaube und Zärtlichkeit ergeben sich aus dieser Gotteskunde vor allem drei Einsichten:

(1) Der Gott der Bibel ist nicht ein »Gott des Gesetzes«. Er ist kein Gott, der uns an Seinen Ansprüchen mißt und entsprechend entlohnt oder straft, sondern ein »Gott der Gnade«. Zuneigung ist Sein Wesen und Seine Wirkung. An Ihn glauben heißt deshalb auch, nicht an den »urteilenden«, sondern an den »gnädigen«, behutsamen, zärtlichen, liebevollen Umgang mit allem, was lebt und ist, glauben.

(2) Damit die Gotteskunde von dem sich uns liebevoll zuwendenden, »absteigenden« Gott verständlich und glaubwürdig ist, bedarf es liebevoller Menschen. In den Erfahrungen der Liebe und Zärtlichkeit wächst auch eine Kraft zum Glauben an diesen Gott. Liebe und Zärtlichkeit können Boten des Evangeliums sein, auch die Liebe und Zärtlichkeit zwischen Mann und Frau als einer der elementarsten Orte menschlicher Zuneigung.

(3) Wenn wir unser liebevolles und zärtliches Miteinander in der Perspektive Gottes sehen, dann wächst aus diesem Glauben eine Kraft und Fähigkeit zu Liebe, Zuneigung, zu einfühlsamen und zärtlichem Verhalten. Wir können die immer gebrochenen und oft auch zerbrochenen Liebesgeschichten zwischen Menschen sehen in der Hoffnung auf die sie vollendende, bewahrende und tragende Zuneigung Gottes zu Seiner Schöpfung. Die Zärtlichkeit der Gnade und die Gnade der Zärtlichkeit bedingen und stärken sich wechselseitig.

7. *»Moralische« und »sakramentale« Lebensweise*

»Gottes Liebe entfaltet sich spontan, ohne Wertung nach Verdienst und Schuld, jenseits von Gut und Böse. Wenn

Gott den Menschen liebt, so ist das kein Zeugnis dafür wie der Mensch, sondern wie Gott ist«[10]. Das Leben der Christen ist deshalb nicht ein »moralisches« Dasein, das seine Berechtigung findet in »guten Werken« oder sonstigen Leistungen, das immer wieder seine Anerkennung und Liebenswürdigkeit verdienen muß. Die paulinische Alternative: »Christus oder das Gesetz« gilt mehr denn je.

Freilich folgt heute so wenig wie zur Zeit des Paulus aus der »Freiheit vom Gesetz«, vom Zwang zur Selbstrechtfertigung, die Gesetzlosigkeit im praktischen Verhalten. Die Frage nach Normen und Regeln behält ihren Sinn – als nachgeordnete Frage, als Frage derer, die sich von der erlösenden Zuwendung Gottes ergreifen und verändern lassen. Denn Christen sind berufen zu einem »sakramentalen« Leben, zum Versuch, mit ihren schwachen Kräften die unendliche Liebe Gottes anzudeuten. In ihrer gebrochenen Zärtlichkeit sollen sie ein Spiegel der ungebrochenen Liebe Gottes sein.

Du mußt gut sein, damit Gott dich liebt, sagt das »Gesetz«. Das Evangelium aber lautet: Du kannst gut sein, weil Gott dich liebt. Weil du teilhast und teilnimmst an Seiner Liebe. Weil du, von der alle Grenzen überfließenden Liebe berührt und verwandelt, zum Zeichen wirst, zum »Sakrament«. Wenn wir dies anerkennen, verändert christliche Moraltheologie ihren Stellenwert und ihre Aufgabenstellung. Sie darf sich dann nicht mehr in erster Linie auf die vorgebliche »Natur« des Menschen berufen, sondern sie muß sich verstehen als eine Übersetzung der biblisch-christlichen Gotteskunde. Ihre Frage kann dann nicht einfach sein, was erlaubt und was verboten ist; sie wird fragen, was denn Ausdruck Seiner liebenden Zuwendung ist. Wenn Erotik und Sexualität dadurch frei werden vom »Gesetz«, ist das die Voraussetzung dafür, daß sie »erlöst« und als ein Ort der Gegenwart Gottes erkannt und anerkannt werden.

Drei Wege des Glaubens –
drei Wege der Liebe

Wesentliche Heils- und Unheilserfahrungen werden im Miteinander von Mann und Frau gemacht. Dort wird die Überwindung der Einsamkeit wirklich, dort gelingt in Stunden des Glücks die Vereinigung zweier Leben zu neuer Einheit; dort wird auch das Scheitern schmerzlicher bewußt als in anderen Beziehungen. Mehr als in anderen Lebensbereichen wird in der Liebe das Paradies gesucht, gewonnen und verloren. Dies war die biblische Erkenntnis über den Weg des Menschen in der Liebe. Wir haben sie ergänzt durch das Evangelium vom Weg Gottes zu uns. Nicht im »Gesetz« von Selbstbehauptung und Rechtfertigung des eigenen Daseins durch Leistung begegnen wir dem Gott der Bibel, sondern in seiner zärtlichen, geduldigen und leidenschaftlichen Zuwendung zur Welt. Wo diese Zuwendung, diese Gnade sich auswirkt in unserem Leben, unserer Zuneigung und Zärtlichkeit, da wird die Gotteskunde glaubwürdig, die Macht der Angst wird gebrochen, und die Erlösung fängt an in uns und unter uns.
Auf dieser »anthropologischen« und theologischen Basis wollen wir weiter aufbauen. Im folgenden geht es zunächst um die Mehrdeutigkeit des menschlichen Glaubens und Liebens und um die Verwandtschaft beider Bestrebungen und Regungen gerade in ihrer Mehrdeutigkeit.

1. *Verwandtschaft und Mehrdeutigkeit von Glauben und Liebe*

Glauben und erotische Liebe sind Grundstimmungen und Erfahrungen, die eng miteinander verwandt sind. Für den

Glaubenden wie für den Liebenden geht es um eine »absolute«, eine unbedingte Beziehung, eine Beziehung von unendlicher Bedeutung, die alle anderen Erlebnisse, Eindrücke und Aufgaben zweitrangig erscheinen läßt. »Du sollst keinen anderen Gott neben mir haben«, fordert der biblische Glaube. Nicht in dieser grundsätzlichen Absolutheit, aber für den einzelnen Liebenden nicht weniger unbedingt und ausschließlich bekennt die Liebe: »Dein ist mein ganzes Herz« – »Du bist mein, ich bin dein.«

Die tiefe Verwandtschaft des Gefühls kommt auch zum Ausdruck in der tiefen Verwandtschaft der Sprache des Glaubens und der Liebe – viele Liebeslieder lassen sich beten, und gerade die mystische Frömmigkeit hat immer wieder in Liebesworten von und zu Gott gesprochen.[1] Der Glaube wie die Liebe bestimmen die gesamte Sicht der Wirklichkeit, die Welt-Anschauung; sowohl die innere Erfahrung der Bekehrung wie die der neuen Liebe vermögen die Auffassung der »äußeren« Welt zu verändern.

Doch sowohl das Wort »Glaube« wie das Wort »Liebe« sind mehrdeutig, hinter ihnen können sich unterschiedliche, ja gegensätzliche Welt-Anschauungen, Wege, »Konfessionen« verbergen. Drei solcher Wege oder »Konfessionen« möchte ich hier unterscheiden im Glauben wie in der Liebe, obwohl diese Wege in der Wirklichkeit häufig miteinander vermischt und verbunden sind. Auch schlägt keineswegs jeder im Glauben und im Lieben den gleichen Weg ein. Ich möchte die drei Wege bezeichnen als den Weg der Bemächtigung, den Weg der Anbetung und den Weg der Vereinigung.[2]

2. Glauben und Lieben auf dem »Weg der Bemächtigung«

Auf dem Weg der Bemächtigung geht es in dem, was »Liebe« genannt wird, letztlich nur um die eigenen Interessen, um Eigenliebe auf Umwegen. Menschen, die den Weg der Bemächtigung einschlagen, wollen nur herrschen, besitzen, verschlingen – ihre treibende Kraft kann man als »Verschlingungstrieb«[3] kennzeichnen, weil »der Verschlingende ... das eigene Selbst nicht aufgibt, sondern es festhält und es um das fremde Ich zu erweitern und zu bereichern strebt«[4].

In der Liebe bedeutet dies, daß mir der andere zum Objekt wird. Die bemächtigende Liebe benutzt den anderen, will Befriedigung ohne die Mühe der Zärtlichkeit; sie träumt von Vergewaltigung. Ihr Sadismus findet seinen konsequentesten Ausdruck im Lustmord, in der Zerstörung anderen Lebens zur eigenen Befriedigung. Diese, und nur diese Form der erotischen »Liebe«, trägt zu Recht den Namen »Begierde«.

Dieser begehrlichen, verschlingenden, gewalttätigen »Liebe« entspricht im Rahmen von Glauben und Religion die Magie. Sie pervertiert freilich Glauben und Religion ebenso wie die Begierde die Liebe und erotische Zärtlichkeit. »Das Wesen der Religion ist Hingabe, das Wesen der Magie ist Zwang.«[5] Begierde wie Magie sind »Techniken«. »Der Begehrliche macht das Weib, der Magier die Gottheit zum Mittel für persönliche Zwecke, das Weib zum Mittel des Genusses, die Gottheit zum Mittel der Macht«, schreibt Walter Schubart.[6] Das vorgeblich geliebte Gegenüber im Himmel oder auf der Erde wird zum Lust- oder Machtobjekt, und der Wille zur Beherrschung und Benutzung zerstört das, was für jede Liebe unverzichtbar ist, die Einzigartigkeit des Du.

Wer sich nicht hingeben will, wer nicht abhängig und damit verwundbar werden will, der handelt nach der alten römischen Devise: »Divide et impera« – »Teile und herrsche«. Er braucht eine Vielzahl von erotischen oder religiösen Beziehungspartnern, die er gegeneinander ausspielen und austauschen kann mit dem Ziel möglichst großer Lust- oder Erfolgsmaximierung. Die Geliebte wie die Gottheit werden nach Gebrauch abgeschrieben oder mit möglichst viel Gewinn veräußert. Alleiniger Maßstab der religiösen wie erotischen Beziehung ist, »was sie bringt«, das Du ist zum Es geworden, zum Tauschobjekt, zum Gebrauchsgegenstand.

Nun ist es keineswegs so, als seien in unseren humanen und aufgeklärten Zeiten »begehrliche« und »magische« Verhaltens- und Denkweisen überholt. Die Begehrlichkeit ist vielmehr zur Antriebskraft und Kardinaltugend der Konsum- und Wegwerfgesellschaft geworden. Und die Magie ist mit der auf Naturbeherrschung ausgerichteten Wissenschaft und Technik enger verwandt als mit der Religion; denn wie jene ist sie nicht nur zweckgerichtet, sondern durch und durch rational, berechen- und planbar.

So zeigt sich der Wille zur Bemächtigung des Du als eine Verzerrung, Umkehrung und Pervertierung echten Glaubens wie echter Liebe. Der Gedanke an Hingabe ist ihm ebenso fremd wie das Bewußtsein der Einzigartigkeit des geliebten Menschen oder der Gottheit. Im Glauben wie im Lieben geht es dann letztlich nur um das Ich und die Befriedigung seiner Wünsche. Darum fehlt dem »Weg der Bemächtigung« jede vereinigende, versöhnende, erlösende Kraft; sie »treibt in Gegensätze zur Umwelt, in Haß, Neid und Wettbewerb wie jeder Besitz- und Eroberungstrieb«[7].

Die Kirche hat Begehrlichkeit und Magie, diese Feinde wahren Glaubens und echter Liebe, wohl immer gekannt und ihnen den Kampf angesagt. Und doch haben diese so heftig bekämpften Haltungen auch die Kirche infiziert. Magische Vorstellungen finden sich bis heute nicht nur in manchen frommen Bräuchen, sondern auch in etlichen Verlautbarungen etwa zur Praxis des Sakramentenempfanges. Bemächtigung und Versachlichung drangen aber vor allem ein in die kirchliche Deutung der ehelichen Vereinigung von Mann und Frau – im Kampf gegen die selbstsüchtige Lust blieb häufig auch das Gefühl für die hingebungsvolle Zärtlichkeit auf der Strecke. Die Ehe wurde nicht selten behandelt wie ein Problem aus dem Bereich der Eigentums- und Nutzungsrechte; zweckfreie Zärtlichkeit wurde als sinnlos und unmoralisch verurteilt, das schreckliche Wort von den »ehelichen Pflichten« rechtfertigte die Vergewaltigung in der Ehe.

3. Der »Weg der Anbetung«

Der »Weg der Bemächtigung« ist nichts als zerstörerische Verdrehung von Glauben wie Lieben, ein Weg, der in der Kirche kein Lebensrecht haben darf und auch niemals als berechtigt anerkannt war, sondern nur verschleiert zur Geltung kam, versteckt im Gewand der Gesetzestreue, eingeschmuggelt als Gegengift. Der »Weg der Anbetung« hingegen beherrscht weitgehend die kirchliche Glaubenshaltung, und auch in der gängigen kirchlichen Auffassung von der Liebe spielt er eine wesentliche Rolle. Der Weg der Anbetung ist zweifellos ein echter Ausdruck von Glauben und Liebe, er ist Hingabe bis zur Selbstaufgabe an den einzig Geliebten im Himmel wie auf Erden. Und solche Hingabe hat wirklich die Kraft, zu erlösen, zu verwandeln, Sinn zu geben.
Im geliebten Menschen wie im angebeteten Gott sucht der Mensch auf dem Weg der Anbetung sein Heil. »Die anbetende Liebe will den Abstand zum absoluten Wert erhalten, möglichst vergrößern«, schreibt Walter Schubart, darum hat sie »die Neigung, den Liebenden zu verkleinern und das Geliebte zu vergrößern.«[8] In der Religion wird dann Gottes Größe und Erhabenheit betont; und in der Liebe wird die Geliebte zur Angebeteten, sie wird in unendliche Höhen entrückt und idealisiert, unerreichbar der körperlichen Vereinigung. Sie ist eher ein Widerschein der Mutter oder Schwester als der Frau, die den Mann ergänzt. Sie wird zur Madonna, zur »hohen Frau«, zur Gebieterin, und die Anbetung und Verehrung, der Minnedienst, ist nicht Vorspiel der Erfüllung, sondern die Erfüllung selbst.

Der »Weg der Anbetung« ist gefährdet und gefährlich gerade durch das, was seinen Adel und seine Größe ausmacht, durch seine Ideale. Menschen auf dem Weg der Anbetung neigen dazu, den Abstand zwischen Liebendem und Geliebtem zu wahren, indem sie sich selbst kleinmachen, abwerten, verachten. Solcher Masochismus kann den Menschen in einen selbstzerstörerischen »Taumel von Selbsthaß und unterwürfiger Liebessehnsucht«[10] stürzen.

Doch nicht nur sich selbst zerstört der selbstquälerisch glaubende und liebende Mensch; wenn er ständig den Abstand überdehnt zwischen Gott und dem Glaubenden, zwischen der Geliebten und dem Anbeter, dann gefährdet er auch den Glauben an den einen Gott wie die Treue zur Einziggeliebten. Denn wenn Gott fern ist und unendlich erhaben über unsere kleinen Kümmernisse, dann braucht der Mensch einen »Antonius«, der die verlorene Geldbörse beschafft, einen Florian gegen die Feuersnot; dann braucht er all die vielen Untergötter und himmlischen Spezialisten, mit denen in allen Religionen verhandelt wird über die Sorgen, mit denen man dem »Großen Gott« nicht kommen darf. Und diese Zwischeninstanzen werden immer wichtiger, sie werden bedeutsamer als der ferne und unerreichbare Himmelsgott; da man mit ihnen ganz anders verhandeln kann, endet mancher Glaubende, der zunächst den Weg der Anbetung einschlug, am Ende doch auf dem Weg der Bemächtigung.

Dazu kommt, daß der Weg der Anbetung, für sich genommen, nur scheinbar rechtgläubig ist nach den Maßstäben des Evangeliums: Der Blick auf die Unerreichbarkeit des Vaters darf nicht übersehen lassen, daß Er uns in der Menschwerdung des Sohnes erreicht hat und nahegekommen ist und daß Sein Geist in uns gegenwärtig sein will.

Für die anbetende Liebe gilt ähnliches wie für den anbetenden Glauben. Wo die einzig Geliebte unerreichbar bleibt, da werden zur Befriedigung der elementaren Bedürfnisse andere Frauen »genommen«. Die sind freilich – verglichen mit der Angebeteten – verächtliche Wesen, die nichts anderes verdienen, als benutzt zu werden. Idealisierung ist immer eine unendliche Überforderung der Wirklichkeit, und sie läßt das tatsächliche Leben niedrig und gering erscheinen. Wer nur vom Himmel träumt, den ekelt die Erde, und wer die Frau nur als Madonna will, wird die Frauen der Erde als unrein, ja als Huren ansehen. Die Frau, die nicht am Himmel steht, wird zur Pforte der Hölle.

»So kommt es«, beobachtet Walter Schubart, »in der Religion vom überspannten Theismus zum Polytheismus, zum Heroenkult und schließlich zur Gottlosigkeit, in der Erotik von der überspannten Anbetungsliebe zur Mehrliebe, zur bloßen Sexualität und schließlich wohl gar zum Ekel vor jeder Äußerung des Geschlechtlichen.«[10]

4. Der »Weg der Vereinigung«

Ich bin alles, du bist nichts, so lautet das Prinzip der Bemächtigung. Du bist alles, ich bin nichts, das ist der Ausgangspunkt des Weges der Anbetung. Unterschieden sind sie durch ihre Bereitschaft zu Hingabe und Selbstlosigkeit; hierin zeigt sich die Bemächtigung als bloße Pervertierung und die anbetende Haltung als echter Ausdruck von Glaube und Liebe. Aber gemeinsam ist beiden, daß sie nicht eine Vereinigung, ein Miteinander anstreben: Der Bemächtigte »verschlingt« das »Objekt« seines Glaubens und Liebens, der nur Anbetende versinkt davor.

Ein dritter Weg des Glaubens und Liebens will nicht solche Einseitigkeit, sondern die Vereinigung. Ist dem einen die Frau Beute oder Ware, dem anderen Gebieterin, so ist sie dem dritten Gefährtin für Leib und Seele. Der eine will Religion als Magie, um die Götter zu benutzen, der andere erstarrt vor Ehrfurcht im Angesicht der himmlischen Majestät, der dritte wird in »mystischem« Glauben der Gegenwart Gottes inne.

Der Weg der Vereinigung ist wie der Weg der Anbetung ein echter Ausdruck von Glauben und Liebe und deshalb zutiefst verschieden von aller Vergewaltigung und Bemächtigung. Doch der Weg der Vereinigung steht auch in Gegensatz zum Weg der Anbetung: Die anbetende Liebe will den Abstand zwischen den Liebenden möglichst erhalten, ja vergrößern. Liebe hingegen, die nach Vereinigung strebt, leidet an der Distanz, will jeden Abstand überwinden. Und was die umarmende Liebe mit dem geliebten Menschen will, das will mystischer Glaube in der Gottesbeziehung: Nähe, Berührung, Einswerden.

Hier erhebt sich dann häufig der Widerspruch der nur anbetend Glaubenden, der Verteidiger der Erhabenheit Gottes. Darf man mit solchen Vorstellungen Gott zu nahe treten, der doch unnahbar ist? »Mystisch« aufmerksame Glaubende werden entgegnen, daß Seine »Gnade« doch nicht Willkür ist, sondern zärtliche Zuwendung, die auf Antwort wartet in jedem Augenblick. Gott erscheint ihnen gewiß nicht als Mittel zur Durchsetzung ihrer Ziele oder als Geschäftspartner, aber auch nicht zuerst als Machthaber und Gesetzgeber, sondern als der »Liebhaber des Lebens«[11]. Er selbst, so sagen die mystischen Traditionen aller Völker und Religionen, überwindet den Abstand zwischen Seiner und unserer Wirklichkeit, weil Er sich nach Gegenliebe sehnt. Er ruht nicht unbewegt in sich, Er ist Liebe, und Liebe will und braucht immer ein Gegenüber. So ist schon die Schöpfung nicht Spiel oder Experiment, sondern Gott ruft sie ins Leben, um sie zu lieben. Und immer wieder spricht Er Menschen an – aus Liebe. Aus Liebe, die leidenschaftlich ist bis zur Eifersucht, dem stärksten Gegensatz zur Gleichgültigkeit. »Gott braucht den Menschen, wie der Mensch Gott«[12], schrieb A. J. Heschel, der große Vordenker des amerikanischen Judentums in unserem Jahrhundert. Angelus Silesius dichtete gar: »Ich weiß, daß ohne mich Gott nicht ein Nu kann leben.«[13] So sehr, sagt mit dem Evangelisten Johannes das ganze Neue

Testament, hat Gott die Welt, Seine Schöpfung geliebt, daß Er sich selbst und Seine Erhabenheit hingegeben hat in Seinem Sohn, um uns nahe zu sein. Gott kommt erst dann ganz zu sich, wenn Er ganz zu uns kommen kann; solange wir nicht erlöst sind, sagt besonders die jüdische Mystik, solange ist auch Er nicht erlöst. Erst wenn wir eins sind mit und in Gott, ist auch Er ganz eins; denn es ist Sein Geist, schreibt Paulus, der in uns sich ausstreckt zu Ihm und Ihn Vater nennt (Röm 8,15; Gal 4,6). So vollendet sich Gott in der antwortenden Liebe des Menschen, wie der mystische Glaube bekennt. Der mittelalterliche flämische Gottsucher Ruysbroek drückte es so aus: »Gott in den Tiefen unseres Seins empfängt Gott, der auf uns zukommt.«[14]

Anbetung ist ein urreligiöser Begriff. Keine Religion, die Gott als Du, als ansprechbares Gegenüber bekennt, wird ohne Schaden auf diesen Weg der Hinwendung zu Gott verzichten können. Daß diese religiöse Haltung jedoch auch in den Liebesgeschichten zwischen Mann und Frau angemessen ist, scheint mir sehr fraglich. Vereinigung hingegen ist zunächst eine erotische Sehnsucht, die tiefste Ausdrucksform der Zärtlichkeit. Kann sie ein »Sakrament«, ein wirksames Zeichen der Zuwendung Gottes zu Seiner Schöpfung sein? Daß der geliebte Mensch zum Gott wird, ist theologisch wie psychologisch ein schädlicher Irrglaube. Daß aber Gottes Zärtlichkeit sich andeutet und abbildet in der liebenden Vereinigung zweier Leben, dies ist die hier weiter zu begründende These dieses Buches.

5. *Wege des Glaubens und des Liebens – eine Gegenprobe*
   am Maßstab des biblischen Menschen- und Gottesbildes

Wir haben – in sicher sehr idealtypischer Weise – drei Wege des Glaubens und Liebens nebeneinander gestellt. Wir wollen sie nun messen mit dem »anthropologischen«

und theologischen Maßstab, den wir aus der jahwistischen Urgeschichte und dem trinitarischen Gottesverständnis gewonnen haben.

(1) Vergleichen wir zunächst die Wege der Liebe mit der paradiesischen Bestimmung des Menschen und seinem Scheitern. Die bemächtigende Liebe finden wir wieder im Fluch, den der Sündenfall nach sich zieht. Gewalt mißbraucht die Sehnsucht nach Zärtlichkeit und Liebe. Aber es reicht nicht, diese Lebenshaltung zu verfluchen und zu verurteilen. Steckt nicht hinter der Gewalttätigkeit die Angst? Wie können Menschen erlöst werden vom Weg der Bemächtigung? – Die anbetende Liebe findet keinen Rückhalt im Paradies. Kein Mensch kann die Stelle Gottes einnehmen. Die oder der Geliebte ist vielmehr Herausforderung, die Eltern und damit die »göttlichen« Erwartungen an Mitmenschen zu verlassen und gemeinsam erwachsen zu werden, realistisch und doch ohne Scham. Sowenig mir ein Mensch Gott sein kann oder darf, so wenig brauche ich mich in der Liebe vor einem Menschen wie vor Gott in den Staub zu werfen. Anbetende Liebe ist berechtigterweise die erste Liebe, die des Kindes zu seiner Mutter und zu seinen Eltern. Auf Dauer kann sie jedoch nicht die »erwachsene« Liebe sein, die Liebe des verantwortlichen Menschen. Dieser wird vielmehr schon im Paradies aufgefordert zur vereinigenden Liebe, in der sich einer für den anderen öffnet, sich im Geliebten wiedererkennt, »ein Leib«, ein Leben mit ihm wird und ohne Angst und Scham er selbst, sie selbst sein kann.

(2) Prüfen wir die Grundhaltungen des Glaubens und Liebens nun an der christlichen Gotteskunde, so ergibt sich ein ähnliches Urteil. Selbstverständlich ist jede bemächtigende und berechnende Haltung gegenüber Gott biblisch nicht zu verantworten; schon eine Orientierung an Lohn und Strafe scheint mit einer Liebesbeziehung nicht zu vereinbaren. Im krassen Fall ist solcher Gottesglaube ein Verstoß gegen das dritte Gebot, ein Mißbrauch Seines Na-

mens, der benutzt wird für unsere Interessen; im häufige-
ren Fall zeigt rechnender Umgang mit Gott wohl an, daß
der Mensch sich noch nicht der Liebe Gottes anzuver-
trauen wagt, sondern mit Ihm handeln zu müssen meint.
In jedem Fall ist solch bemächtigender Glaube Ausdruck
jener »Ursünde«, jener Urversuchung, so sein zu können
oder zu müssen wie Gott, um vor Ihm bestehen zu können, um in Seinen Augen daseinsberechtigt, liebens-würdig und sinnvoll zu sein.

Die anbetende Liebe zu Gott, der uns aufleuchtet in der
Unendlichkeit und Unerreichbarkeit des Himmels, ist hingegen ein unverzichtbarer Ausdruck des Glaubens. Wer
sich nicht vor Gott und von Ihm überwältigt niederwerfen
kann, dem fehlt eine Wurzelerfahrung echter Religiosität.

Allerdings bleibt der anbetende Glaube noch hinter dem
zurück, was wir als Christen von Gott »wissen«; er allein
holt nicht die ganze Offenbarung ein. Gott will uns nahe-
kommen, sich mit uns vereinen. Der Vater will uns im
Sohn umarmen und als Geist verwandeln. Christlicher
Gottesglaube schließt die Anbetung des unendlich größeren Gottes ein, aber er geht weiter; er nimmt Gottes Gegenwart an im Leben und Sterben Jesu, Seines Sohnes, und
in der Verwandlung und Vereinigung zu »einem Leib«,
dem »Leib Christi«, durch die Wirksamkeit Seines Geistes,
Seiner Liebe.

(3) Vor allem auf dem Weg der Vereinigung finden, so
scheint mir, menschliches Lieben und Glauben ihr Ziel.
Die Sehnsucht nach Vereinigung ist die stärkste Abwehr
bemächtigender Lebenseinstellung, und sie führt die anbetende Liebe zur Auferstehung aus dem Staub. Doch weder
liebend noch glaubend ist dieser Weg leicht zu gehen. Wo
gar noch Lieben und Glauben getrennt gesehen und geübt
werden, da wird die paradiesische Liebe zwischen Mann
und Frau wie das Innewerden Gottes in uns und um uns
zum Ideal, das nur wenigen Auserwählten vorbehalten
bleibt. Wenn wir aber unser Glauben und Lieben zusam-

mensehen, dann werden wir gläubiger lieben und liebender glauben können; dann wird unsere Hingabe an einen
Menschen von einem größeren Vertrauen getragen und
unser Gottesglaube in allen Liebeserfahrungen entzündet
und angesteckt.

Aus biblischen Liebesliedern

Ein »Zwischengesang«

Die alten Geschichten, Bilder und Formeln unseres Glaubens schildern Gott als unfaßbar, unendlich anders und größer als unsere Vorstellungen, unbedingt »transzendent«. Aber Er ist sich darin nicht genug. Sein Wesen ist Liebe, darum verwandelt Er Seine Unfaßbarkeit in Erfahrbarkeit und Nähe. Er wendet sich uns zu in Inkarnation und Inspiration. Er geht ein in unsere äußere wie in die innere Welt. Er steigt herab in die Geschichte und in die Seele; Christus nimmt menschliche Natur und Gestalt an und begegnet als der Freund, der »Bräutigam« der Seele.

Ein Ausdruck und eine Erinnerung dieser zärtlichen Zuwendung Gottes ist die liebende Vereinigung zweier Menschenleben; sie kann zum »Sakrament der Zärtlichkeit« werden. Darum ist die erste und angemessenste Haltung gegenüber der leibhaftigen und leidenschaftlichen Liebe nicht Mißtrauen, das sich ausdrückt im »Gesetz« und in moralischen Regelungen. Angemessener ist der Dank, das Lob der Zärtlichkeit. Solche Loblieder der Liebe begegnen uns auch in der Heiligen Schrift; als einen »Zwischengesang« in der theologischen Argumentation wollen wir sie nun anklingen lassen und fragen, was es bedeutet, in dieses Lob einzustimmen.

1. Zum Verständnis des Hohenliedes

Das Hohelied ist eine alttestamentliche Sammlung israelitischer Liebeslieder. Obwohl sie vielen Christen unbekannt sind, können sie doch ein Ansatz sein für eine Zusammenschau von Liebe und Glauben. Einige Vorbemerkungen zu Aufbau, Inhalt und Sinn dieses Büchleins sollen die weitere Betrachtung vorbereiten.

(1) Die Bibelwissenschaft hat herausgearbeitet[1], daß das Hohelied keine einheitliche Dichtung ist, sondern die Zusammenstellung von etwa 30 kleineren Liedern, die allerdings alle das gleiche Thema haben: Sie besingen die Schönheit der Liebenden und das Glück und den Schmerz der Liebe; und sie tun dies in einer unbefangenen und doch bildhaften Sprache der Körperlichkeit, der Sinnlichkeit, der Lebenslust. Einige Lieder werden schon aus den frühen Tagen Israels stammen, doch zusammengefaßt wurde das Buch in der uns heute vorliegenden Form wohl erst im 4. oder 3. Jahrhundert v. Chr., und zwar eher als eine Sammlung von Gedichten als von Volksliedern.

(2) Was ist das ursprüngliche Thema dieser Lieder? Natürlich die Liebe. Aber besingen sie die eheliche oder die »freie« Liebe? Weil letzteres nicht sein darf, meinten manche kirchlichen Erklärer, es müsse sich bei den Gesängen um Hochzeitslieder handeln, eine Behauptung, die freilich im Text nur wenig Anhaltspunkte findet. Es geht überhaupt nicht um Ehe oder um die gesellschaftlichen und moralischen Vor- und Rahmenbedingungen der Liebe zwischen Mann und Frau; es geht weder um die Fortpflanzung noch um die Familie, sondern um ein Loblied der Zärtlichkeit, der Sehnsucht, der Leidenschaftlichkeit, also weder um Bestätigung noch Kritik der Institution Ehe.

(3) Aber wieso – und das ist die entscheidende Frage – finden wir solche sinnlichen Liebeslieder ohne moralische Absicht in der Heiligen Schrift? Wurde hier die leidenschaftliche Zärtlichkeit »kanonisiert« oder wurde das Büchlein nur in die Bibel aufgenommen, weil es im übertragenen Sinn, als Gleichnis der Liebe zwischen Gott und seinem Volk, verstanden wurde? In der Spannung zwischen diesen beiden Deutungen verläuft die Auslegungsgeschichte des Hohenliedes. Doch es scheint mir weder notwendig noch sinnvoll, beide Erklärungen gegeneinander

auszuspielen. Ist doch die erotische Liebe nicht nur eine der gewaltigsten Erfahrungen der Menschen, sondern auch ein an anderer Stelle im Alten Testament benutztes Gleichnis der Gottesliebe – und das ist ja auch naheliegend für einen Glauben, dem Liebe zum Schlüsselwort wird.

Daß erotische Sprache zum Kleid religiöser Gedanken wird und die Zärtlichkeit eines Menschen die Zärtlichkeit Gottes er-innert, dies erscheint also gar nicht abwegig. Allerdings fehlt in den Liebesliedern des Hohenliedes jeder Hinweis auf Gott oder einen »höheren« Sinn; die Liebe spricht hier für sich, und wir müssen das Heimatrecht der erotischen Liebe und ihrer Verherrlichung innerhalb der Heiligen Schrift und im biblischen Glauben ohne jeden Hintergedanken anerkennen. Doch bedeutet es ja auch keine Abwertung der Sexualität, wenn eine lange Tradition jüdisch-christlicher Schriftversenkung diese Liebeslieder verstanden hat als Spiegel der Liebe zwischen Gott und Seinem Volk, zwischen Christus und der Seele. Im Gegenteil, hier wird die menschliche Zärtlichkeit hochgeschätzt und gewürdigt, Spiegel, »Sakrament«, Schlüssel der Gotteserfahrung zu sein. Wer in den Worten der menschlichen Liebe das Wort der Gottesliebe mithört und mitsagt, der wertet die Zärtlichkeit auf und nicht ab. Mir scheint, daß deshalb wörtliches und übertragenes, erotisches und religiöses Verständnis nur zwei verschiedene »Stimmen« des einen Liedes sind, des Hohenliedes auf dem Weg der Vereinigung, der liebend und glaubend gegangen wird.

2. »Berauscht euch an der Liebe«

»Zucht« und »Maß« sind oft bedachte und oft geforderte christliche Tugenden; ihr Wert ist gewiß nicht zu bezweifeln. »In der rechten Ordnung zu leben« verlangt der Beichtspiegel vor allem im Blick auf die menschliche Sexualität, zu lieben in »Ehrfurcht, Zucht, Rücksicht-

nahme und Anstand«[2]. Alle diese Tugenden haben ihr Recht und ihren Sinn, und doch: Wie kümmerlich ist ein Leben und Lieben unter der Alleinherrschaft von »Zucht« und »Maß«, »Sitte« und »Anstand«, ein Leben und Lieben ohne Zärtlichkeit, Leidenschaft, hemmungslose Hingabe. Die Liebe ist niemals nur Zurückhaltung, sie ist auch das Verlangen, »außer sich« zu sein; sie ist »maßlos« und gibt dem geliebten Menschen unangemessenes Gewicht; sie ist »schamlos«, weil sie nichts verbirgt und für sich behalten will; sie ist »unzüchtig«, weil sie die Fesseln der »guten Sitten« sprengt und die Enge der Herzen aufbricht.
So sagt es schon der erste Vers des Hohenlieds:

»Mit Küssen seines Mundes bedecke er mich,
Süßer als Wein ist deine Liebe« (1,2)

Verzehrende Sehnsucht ist in der Liebe, berauschend ist ihre Wirkung. Die Berührungsängste des Körpers und der Seele schwinden; die Liebende ersehnt, ja fordert die Zärtlichkeit des Geliebten; die Schwerkraft, die uns in festgelegte Rollen preßt, ist aufgehoben.[3]
Es ist wohl kein Zufall, daß – entgegen den gesellschaftlichen und angeblich natürlichen Gesetzen – im Hohenlied immer wieder die Frauen die Initiative ergreifen. Zunächst wie im Traum sehen sie den Auszug der Liebe aus dem Sklavenhaus der »Moral«:

»Ach, wärst du doch mein Bruder ...
Träfe ich dich dann draußen,
ich würde dich küssen;
niemand dürfte mich deshalb verachten.
Führen wollte ich dich,
in das Haus meiner Mutter dich bringen ...
Würzwein gäbe ich dir zu trinken,
Granatapfelmost.
Seine Linke liegt unter meinem Kopf,
seine Rechte umfängt mich.

Ich beschwöre euch, Jerusalems Töchter:
Was stört ihr die Liebe auf,
warum weckt ihr sie,
ehe ihr selbst es gefällt« (8, 1–4).

Auch andere Lieder singen von diesem Exodus der Liebe und seinen Gefahren (vgl. 3, 1 ff und 5, 2 ff), und häufig wird, wie in den oben zitierten Versen, die Liebe verglichen mit berauschenden Getränken. »Wieviel süßer ist deine Liebe als Wein«, staunt der Liebende (4, 10). Und der Weinberg wird zum Bild und Ort der Liebe, die nicht allein, aber doch auch ein Rausch ist. Sie ist Treue wie Leidenschaft, Vertrauen und Ekstase, und zwischen diesen beiden Polen »besteht eine produktive Spannung. Geht das eine verloren, so wird früher oder später auch das andere verkümmern«[4]. Wer noch so klug zu reden vermag über die Liebe, aber niemals glaubte, aus Liebe den Verstand zu verlieren, niemals weinte oder tanzte vor Glück, der weiß nicht, wovon er spricht. »Berauscht euch an der Liebe« singt das Hohelied (5, 1). Gemeint ist nicht der Rausch der Gier, den die Kirche zu Recht verurteilt, oder der Rausch der Flucht, sondern der Rausch der Hingabe. Wer diesen Rausch der Hingabe nie gespürt hat, der weiß nicht, was Liebe, zärtliche, leidenschaftliche, leibhaftige Liebe zwischen Mann und Frau ist. Und wer diesen Rausch niemals gespürt hat in der Liebe zu Gott, wer niemals meinte, aus Liebe zu Ihm den Verstand zu verlieren, wer nie aus Liebe zu Ihm lachte, weinte, sang oder tanzte, weiß der, wovon er spricht, wenn er über Ihn redet?

3. »Du bist schön, meine Freundin«

Es gibt eine ungebrochene Freude an der körperlichen Schönheit, die (einigen) Menschen eigen ist. Die Griechen haben sie gefeiert, die Maler und Künstler der Renaissance haben sie wiederentdeckt, die Werbung macht ihr Geschäft damit. Solche rückhaltlose Begeisterung für den »schönen Menschen« als die vollendete Form menschlichen Seins kennt die biblisch-christliche Tradition nicht. Sie wußte immer um die Verbundenheit Gottes mit denen, die im Schatten stehen und nichts galten nach den Wert- und Schönheitsmaßstäben dieser Welt. Der Gottesknecht hatte keine schöne Gestalt und gefiel nicht, und der auferstandene Gottessohn war erkennbar nicht an seiner überirdischen Schönheit, sondern an seinen Wunden. Eine andere, eher weisheitlich als theologisch geprägte Tradition in Bibel und Kirche verwies auf die Vergänglichkeit irdischer Schönheit.

Und doch gab es auch andere An- und Einsichten. Die ersten Christusbilder – die freilich noch längst nicht so im Glauben bedacht und vom Glauben geformt waren wie etwa die gotischen Kreuzigungsszenen – zeigen einen sehr ansehnlichen jungen Mann, der dem spätantiken Schönheitsideal entspricht. Spätere Zeiten haben immer wieder die Schönheit Christi und mehr noch die Marias besungen.[5] Und auch diese Sichtweise hat ihr Recht und ihre rechtgläubige Botschaft. Denn Gott ist zwar bei den Leidenden und mit ihnen, doch er will nicht ihr Leiden, sondern ihr Heil. Und so will Er auch trotz Seiner Solidarität mit denen ohne Ansehen und Schönheit nicht ihre Unansehnlichkeit und Entstellung; Er will, daß die Welt schön werde, daß Seine verborgene Herrlichkeit aufleuchtet in der Schönheit der Schöpfung und der Geschöpfe, daß wir nicht nur über die Vergänglichkeit der Schönheit nachdenken, sondern für die Schönheit im Vergänglichen danken und seinen Schöpfer in der Hinwendung zum Schönen loben.

Dieses Lob der Schönheit singt die biblische Schöpfungstheologie; es ist Kontrapunkt und Begleitstimme der Hinwendung zu den Elenden und der Entdeckung Gottes im Leid. Die Übersetzung dieser Schöpfungstheologie in die

Erfahrungen der Liebe ist das Hohelied. Da klingt durchaus noch etwas mit von der alten »Schöpfungswonne« der Naturreligionen; da lassen sich Menschen faszinieren von der Ausstrahlung und Anziehungskraft des weiblichen Körpers, der die Schönheit der Welt versammelt, geben sich der erotischen Bewunderung hin, ohne daß schon von Liebe die Rede ist:

»Wende dich, wende dich, Schulammit!
Wende dich, wende dich,
damit wir dich betrachten«,
rufen die Männer ihr zu. »Was wollt ihr an Schulammit sehen?«, fragt sie zurück. »Den Lagertanz«, rufen sie, und sie begleiten ihn mit einem
Lob der Schönheit:

»Wie schön sind deine Schritte in den Sandalen ...
Deiner Hüften Rund ist wie Geschmeide,
gefertigt von Künstlerhand.
Dein Schoß ist ein rundes Becken,
Würzwein mangle ihm nicht.
Dein Leib ist ein Weizenhügel,
mit Lilien umstellt.
Deine Brüste sind wie zwei Kitzlein,
wie die Zwillinge einer Gazelle.
Dein Hals ist wie ein Turm aus Elfenbein.
Deine Augen sind wie die Teiche von Heschbon ...
Deine Nase wie der Libanonturm ..
Dein Haupt gleicht oben dem Karmel,
Wie Purpur sind deine Haare ...« (7, 1–6)

Ist das »Sexismus«? Sind das die begehrlichen Blicke, die ebenso verwerflich sind wie der Ehebruch? Ist die Frau nur ein »Lustobjekt«, wenn sie so angesehen wird, nur Gegenstand männlicher Begierde? Oder gibt es auch ein Staunen, eine Bewunderung, die nicht »lüstern« ist und bemächtigend, sondern die sich dankbar, beinahe anbetend neigt vor der Schönheit des Lebens, verkörpert in einer menschlichen Gestalt? Das Hohelied singt jedenfalls von solcher Bewunderung. Und es singt auch von jener Schönheit, die weniger aus erotischer Faszination kommt als vielmehr Ergebnis des liebenden Ansehens ist. »Schön bist du, meine Freundin, ja schön«, bekennt der Liebende (4,1), und:

> »Alles an dir ist schön, meine Freundin;
> kein Makel haftet dir an« (4,7).

Macht die Liebe blind – oder läßt sie tiefer sehen? Übersieht sie schwärmerisch die Grenzen und Fehler des anderen oder erkennt sie noch in dessen Schwächen sein Wesen? Heidnisch im schlimmsten Sinne ist es, makellose Schönheit zu verlangen als eine Vorbedingung der Liebe; doch biblisch und christlich ist die Liebe, die den anderen so annimmt, wie er ist, und die ihn deshalb ohne Makel sieht.

Schönheit ist Ansichtssache, und nicht das gefällige Aussehen bestimmt das Ansehen, sondern liebevoll angesehen sieht der andere schön aus. Immer neue Bilder findet die Liebe für die Schönheit und die Anmut des Geliebten, und findet doch nie genug: Sie ist ihm prachtvoll »wie die Stute an Pharaos Wagen« (1,9); süß ist ihm ihre Stimme und lieblich ihr Gesicht (2,14); ein Blick auf ihre Zähne macht ihn zum Dichter (4,2); sie verzaubert ihn mit einem Blick ihrer Augen (4,9); ihre Augen verwirren ihn (6,5), denn sie erscheint ihm »wie der Mond so schön, strahlend rein wie die Sonne, prächtig wie Himmelsbilder« (6,10). Und sie nennt ihn ihren König (1,4.12), ihre »Hennablüte« (1,14), einen »Apfelbaum unter den Waldbäumen« (2,3), ist »krank vor Liebe« in seiner Nähe (2,5). Nicht das Fruchtbarkeitssymbol der Alten Welt, den Stier, wählt sie zu seinem Bild, sondern Hirsch und Gazelle, anmutige, nicht gewaltige und gewalttätige Tiere (2,9). Er ist »ausgezeichnet vor Tausenden« (5,10), »sein Mund ist voll Süße, alles ist Wonne an ihm« (5,16).

Wer sich so geliebt und angesehen weiß, der kann ohne falsche Scham der eigenen Schönheit und Liebenswürdigkeit gewiß sein, der macht diese Gewißheit nicht abhängig vom gerade geltenden Schönheitsideal, der kann sagen: »Braun bin ich, doch schön« (1,5).

»Braun bin ich, doch schön« – vielleicht liegt in diesem Satz ein Anfang zur Versöhnung christlichen Glaubens unter dem Kreuz mit der Suche nach dem Schönen. Braun bin ich, doch schön – wir sind aufgerufen, die Schönheit des Dunklen mitzuentdecken, das Ansehen des Unansehnlichen. Das könnte jene »patriotische« Liebe zur Welt sein, von der Chesterton sprach: Der Optimist leugnet das Dunkle und der Pessimist die Schönheit – wer an der Welt oder auch nur an einem Menschen mit ganzem Herzen hängt und ohne sie nicht selig werden will, der sucht die Schönheit auch im Dunklen. Der Optimist ist naiv, wenn nicht dumm; der Pessimist, der die Kritik mehr liebt als das Kritisierte, ist ein Verräter. Der liebende »Patriot« sagt: Ob hell oder dunkel, dies ist meine Welt, meine Liebe, »bei mir bist du schön«.

Wir haben zumeist gelernt, vor Gott unser Gewissen zu erforschen, unsere Schuld zu bekennen, unsere schlechten Seiten herauszustellen. Aber wir haben kaum gelernt, unsere Stärken zu sehen, unsere Talente zu entdecken, unsere »Schönheit« dankbar zu erkennen und zu entwickeln. Doch die Liebe sieht den Menschen nicht in Sack und Asche. Sie sieht ihn im weißen Gewand und gekrönt. Sie ahnt noch im Bußgewand das Hochzeitskleid und in der Asche die Krone. Die Liebe übt an einem Menschen, was der Glaube als Gottes Ziel für die Schöpfung bekennt: die Verwandlung in Schönheit. »Dann sah ich einen neuen Himmel und eine neue Erde ... ich sah die heilige Stadt, das neue Jerusalem, von Gott her aus dem Himmel herabkommen«, so träumt die Geheime Offenbarung. »Sie war bereit wie eine Braut, die sich für ihren Mann geschmückt hat ... erfüllt von der Herrlichkeit Gottes. Sie glänzte wie ein kostbarer Edelstein, wie ein kristallklarer Jaspis ... Die zwölf Tore sind zwölf Perlen ... die Straße der Stadt ist aus reinem Gold ... Die Stadt braucht weder Sonne noch Mond, die ihr leuchten. Denn die Herrlichkeit Gottes erleuchtet sie« (21. Kapitel).

4. *Die Schatzsuche*

Die Ekstase gehört zur Liebe. Es ist die Erfahrung des Menschen, der »außer sich« ist und dabei ahnt, wie sein altes Sein und die alte Vereinzelung aufgehoben wird in einer neuen Einheit. Die Entdeckung und das Lob der Schönheit gehören zum Wesen der Liebe, die weniger das Schöne liebt als liebend die Schönheit erkennt. Aber ebenso gehört zur Liebe der Schmerz der Trennung und der Sehnsucht, zumindest bis sie ihre endgültige Erfüllung findet in der allumfassenden ewigen Liebe Gottes. Ohne den Schmerz der Sehnsucht bliebe die Entdeckung der Schönheit oberflächlich, und die Umarmung wäre nicht Grund zu Entzücken und Begeisterung, sondern eine Selbstverständlichkeit. Der Advent ermöglicht die Freude an der Menschwerdung, die Fastenzeit die Freude an der Auferstehung. Was nie ersehnt wurde, was immer verfügbar ist, das wird auch nicht dankbar angenommen. Was man nicht gespannt, freudig oder unter Tränen erwartet hat, von dem wird auch nichts erwartet, das gibt keine Antwort auf unsere großen und kleinen Sehnsüchte. Wer keine Zeit der Sehnsucht kennt, der hat auch die Zeit der Liebe verloren.[6] Im Hohenlied wird deshalb immer wieder gesungen von der Sehnsucht und von der Erwartung, vom Suchen, Verlieren und Finden. Und immer wieder ist es, entgegen allen Rollenerwartungen, vor allem die Frau, die sich aufmacht, die nicht die Sehnsucht um ihrer selbst willen pflegt, wie das die anbetende Liebe tut, sondern die sich auf unbekannte Wege wagt, um den zu finden, den ihre Seele liebt:

»Des Nachts auf meinem Lager suchte ich ihn,
den meine Seele liebt.
Ich suchte ihn und fand ihn nicht.
Aufstehen will ich, die Stadt durchstreifen,
die Gassen und Plätze,
ihn suchen, den meine Seele liebt.

Ich suchte ihn und fand ihn nicht.
Mich fanden die Wächter
bei ihrer Runde durch die Stadt.
Habt ihr ihn gesehen, den meine Seele liebt?
Kaum war ich an ihnen vorüber,
fand ich ihn, den meine Seele liebt.
Ich packte ihn, ließ ihn nicht mehr los,
bis ich ihn ins Haus meiner Mutter brachte,
in die Kammer derer, die mich geboren hat.

Bei den Gazellen und Hirschen der Flur
Beschwöre ich euch, Jerusalems Töchter:
Stört die Liebe nicht auf,
weckt sie nicht,
bis es ihr selbst gefällt« (3, 1–5).

Die Liebe ist ein kostbarer Schatz, das Leben eine Schatzsuche. Sehnsucht ist der Mut derer, die sich auf den Weg
machen. Wie in einem nächtlichen Traum erahnen wir
die Liebe und den, den unsere Seele liebt. Doch wer sich
träumend nicht bewegt, wird nichts finden.
Die Sehnsucht drängt zum Aufbruch, zur Auferstehung,
zum Weg hinaus. In die Stadt. In die Welt. In die Wirklichkeit des Alltags. Hier stößt die Liebende auf die Wächter, die Hüter der Ordnung, die Wächter in mir und um
mich. Wenn sie sich vor ihnen neigt, wenn sie nicht weiß,
daß sie Diener sind – notwendige und hilfreiche gewiß,
aber doch nur die Diener und nicht die Herren des Lebens
– dann wird ihre Suche scheitern. Wenn sie die Wächter,
die Gesetze und Ordnungen, die Sitte und Moral aber kon-

frontiert mit der alles entscheidenden Frage, ob sie wissen, wo der ist, den ihre Seele liebt, dann kann die Liebende nicht bei ihnen stehenbleiben. Sie wird hinter ihnen ihre Liebe finden. Sie wird die Liebe ergreifen, in sich aufnehmen, mit in ihre Heimat nehmen. Und sie wird die Welt beschwören, diese Liebe nicht zu zerstören.

Dies alles ist durchaus eine erotische Erfahrung. Aber unübersehbar ist es auch eine religiöse. Das Lied läßt sich auch singen als Lied von der Schatzsuche der Seele nach dem, den sie liebt. Den sie nicht findet in sich und ihrer Heimat. Den sie nur findet auf dem Weg durch die Stadt und im Überwinden der Wächter, jenseits aller Gesetzlichkeit und Furcht. Und wenn sie Ihn findet draußen in der Stadt oder sich von Ihm finden läßt, dann wird sie alles daransetzen, Ihn nicht mehr zu verlieren, den »Schatz im Akker«, die »kostbare Perle«. Sie wird Ihn zu sich nehmen, in sich aufnehmen in das Haus ihres Lebens.

Die erotische Sehnsucht gibt uns die Ahnung, die Bilder und die Sprache einer Sehnsucht nach unendlicher Liebe und Einheit, die wir nur in Gott finden. Denn wo lernen wir in einer Gesellschaft der unmittelbaren Bedürfnisbefriedigung und der verwalteten Vorgänge, die ja nicht nur um uns, sondern auch in uns Christen ist, wo lernen wir sehnsüchtige Erwartung, die uns aufbrechen läßt, wenn nicht in der »Kultivierung« unserer erotischen Sehnsucht? Die alten Lieder und Bilder, die die Gottesbeziehung als Hochzeit vor Augen malten, haben dies genau erfaßt. »Macht euch bereit zu der Hochzeit, wir wollen ihm entgegengehen!«

5. *Im Garten der Liebe*

Daß des Menschen Leben eine Suche und eine Reise sei, haben Denker, Dichter und Künstler immer wieder ausgedrückt. Aber hat diese Reise ein Ziel? Wird der, der sucht, auch finden? Darüber gingen und gehen die Ansichten weit auseinander. Das Hohelied behauptet mit der gesamten biblisch-christlichen Tradition, daß der, der sucht, finden wird, und daß der, der aufbricht, das Land der Verheißung erreichen kann. Liebe wird uns im Hohenlied nicht nur geschildert als ein Traum, als ein Wunsch, eine Sehnsucht; die liebende Vereinigung zweier Leben wird besungen als tatsächliche Möglichkeit. In der körperlichen Vereinigung kann die Vereinigung der Seelen Gestalt annehmen.

Bewundernswert ist die Sprache, mit der das Hohelied dieses Geheimnis umschreibt: unendlich angemessener als die sterile Sprache der Wissenschaft oder die doch recht hilflose Umgangssprache[7], als die Sprachformen also, die uns zur Verfügung stehen, wenn wir über sexuelle Beziehungen reden. Es ist eine Sprache voller Poesie und zugleich voller Erotik, mit immer neuen Bildern spielend, natürlich und dunkel zugleich, Sinnlichkeit in unsere Gedanken lockend; eine Sprache, die nicht alles sagt, aber alles ahnen läßt:

»Wie schön bist du, wie reizend,
du Liebe voller Wonnen.
Ich sage: Ersteigen will ich die Palme ...
Trauben am Weinstock seien mir deine Brüste, ...
dein Mund köstlicher Wein,
der glatt in mich eingeht,
der Lippen und Zähne mir netzt.

Ich gehöre zu meinem Geliebten,
und ihn verlangt nach mir.
Komm, mein Geliebter, wandern wir aufs Land,
schlafen wir in den Dörfern.
Früh wollen wir dann zu den Weinbergen gehen
und sehen, ob der Weinstock schon treibt,
ob die Rebenblüte sich öffnet ...
Dort schenke ich dir meine Liebe.

Die Liebesäpfel duften ...
Für dich habe ich sie aufgehoben, Geliebter«
(aus 7, 8–14).

Und immer wieder begegnen die Bilder vom Garten, vom
Paradies:

»Ein verschlossener Garten ist meine Schwester Braut,
ein verschlossener Garten,
ein versiegelter Quell.
Ein Lustgarten sproßt aus dir ...
Die Quelle des Gartens bist du,
ein Brunnen lebendigen Wassers ...
Nordwind erwache, Südwind herbei!
Durchweht meinen Garten,
laßt strömen die Balsamdüfte.

Mein Geliebter komme in seinen Garten
und esse von den köstlichen Früchten.

Ich komme in meinen Garten, Schwester Braut;
ich pflücke meine Myrrhe, den Balsam;
esse meine Wabe samt dem Honig,
trinke meinen Wein und die Milch.

Freunde, eßt und trinkt,
berauscht euch an der Liebe (aus 4, 12–5, 1).

Von den Früchten dieses Gartens zu essen ist nicht verboten, ihr Genuß stellt nicht bloß, zerstört nicht das Paradies. Nicht die Distanz ist die Vollendung der Liebe, die
bei Berührung zerbricht. Die Liebe wird den Liebenden
zum Paradies, die Geliebte wird zum Land der Verheißung,
wo Milch und Honig fließen. Ja, der hingebungsvolle Körper des geliebten Menschen wird beschrieben im Bild des
Heiligtums:

»Wenn der Tag verweht und die Schatten wachsen,
will ich zum Myrrhenberg gehen,
zum Weihrauchhügel« (4, 6).

Die Umarmung, in der zwei Menschen eins zu sein suchen, kann eine Ahnung des Heiligen enthalten, kann für einen Augenblick das Paradies öffnen. Denn das Paradies ist im tiefen Einswerden und Einverständnis mit dem Leben, und diese Einheit kann aufleuchten in der Vereinigung mit einem geliebten Menschen:

»Der Geliebte ist mein,
und ich bin sein« (2, 16).

Dies haben die Liebenden aller Zeiten gewußt, gefühlt, einander gesagt. Und die von der Liebe Gottes bis ins Tiefste Entflammten haben genau so von ihrer Beziehung mit Ihm gesprochen:

»Da ich noch nicht geboren war,
da bist Du mir geboren
und hast mich Dir zu eigen gar,
eh' ich Dich kannt, erkoren.
Eh' ich durch Deine Hand gemacht,
da hast Du schon bei Dir bedacht,
wie Du mein wolltest werden«,

dichtete Paul Gerhardt.[8] Und Angelus Silesius schrieb sich zur gleichen Zeit die gleiche Liebe von der Seele:

»Schau, Dein Himmel ist in mir,
er begehrt Dich, seine Zier.
Säume nicht, o mein Licht,
komm, komm eh der Tag anbricht,
komm, komm eh der Tag anbricht«.[9]

Denn das Paradies, der Himmel, die ewige Seligkeit ist nichts anderes als das endgültige Einswerden mit Ihm.

6. *Das unauslöschliche Siegel*

Von der berauschenden und begeisternden Kraft der Liebe
singt das Hohelied, von der Schönheit und von der Sehnsucht und von der Seligkeit der Vereinigung. Nur um diese
Erfahrung der Liebe geht es, nicht um moralische Anweisungen oder um Überlegungen zur gesellschaftlichen Bedeutung der Familie. Doch diese »unmoralischen« Liebeslieder bezeugen deshalb noch lange nicht jene moderne
»Liberalität«, die »sexuelle Kontakte« mehr oder weniger
beliebig macht. Dem Hohenlied ist vielmehr die Liebe, die
sicher auch ganz körperlich verstanden wird, »heilig«; deshalb ist sie weder eine Sache der Beliebigkeit noch der Moral, sondern des Glaubens. Wie eine feierliche Beschwörung, wie ein Glaubensbekenntnis, sagt es eines der letzten
Lieder:

> »Leg mich wie ein Siegel an dein Herz,
> wie ein Siegel an deinen Arm!
> Stark wie der Tod ist die Liebe,
> ihre Leidenschaft ist hart wie die Unterwelt.
> Ihre Gluten sind Feuergluten,
> gewaltige Flammen.
> Auch mächtige Wasser können die Liebe nicht löschen;
> auch Ströme schwemmen sie nicht weg.
> Böte einer für die Liebe
> den ganzen Reichtum seines Hauses,
> nur verachten würde man ihn« (8, 6–7).

Als Siegel, als Erinnerung und Bekenntnis Jahwes, des Be-
freiers aus der Sklaverei, soll Israel das Wort von der Ein-
zigkeit Gottes und der auf Ihn gerichteten Liebeskraft von
Herz und Seele tragen (vgl. Dtn 6, 4 ff). Das Hohelied greift
dieses Bild auf; die Liebenden sind einander zu heiligen
Zeichen des Bundes geworden, der das Leben erhält.
Sie bekennen und versichern einander die Kraft der Liebe,
die gesehen wird als das einzige wirkliche und wirksame

Gegengewicht gegen die Todesmächte. Die Fluten – nach altorientalischer Vorstellung Bild der Angst und Bedrohung, des Chaos und Untergangs[10] – werden die Glut der Liebe nicht auslöschen können. Das ist der Glaube der Liebenden, die nur Verachtung haben für den, der meint, er könne durch seinen Besitz Liebe kaufen oder ersetzen.

Schon die Liebe zwischen Menschen ist der stärkste Widerspruch und Widerstand gegen den Tod; nichts im Menschen wehrt sich so leidenschaftlich wie die Liebe gegen die Behauptung, alles müsse einmal zu Ende gehe. Wo die Macht der Liebe aber nicht nur gesehen wird im Zusammenhang der menschlichen Liebesgeschichten, wo Menschen in ihrer Liebesgeschichte eine umfassendere und lebensbegründende Liebe und Bejahung erahnen, da wird die zerbrechliche und sterbliche Sehnsucht, Leidenschaft und Treue zur Verheißung des endgültigen Sieges von Liebe und Leben über die vielen Tode.

7. Das Hohelied der Liebe

Die Lieder des Hohenliedes sind ein Bekenntnis zu Leidenschaft und Schönheit, Sehnsucht und Suche, Einswerden und Treue; sie sind ein Schwur auf die Liebe, die stark ist wie der Tod und die einen Schutzwall bilden kann gegen die Bedrohungen der Tiefe; sie sind ein Ausdruck des Treueschwurs gegenüber dem Leben, den wir gerade an den Abgründen leisten müssen. Als Bekenntnis zur erotischen Liebe, Leidenschaft und Zärtlichkeit haben sie eine Sonderstellung in der Bibel – so sinnlich und lebensbejahend ist kein anderes Buch. Vielleicht auch deshalb, weil wohl nur im Hohenlied die Bibel auch die Weisheit und Erfahrung der Frauen zu Sprache bringt.

Nichts von diesen Bekenntnissen möchte ich zurücknehmen oder im Nachhinein ein wenig »christianisieren«. Und doch ist nicht zu übersehen, daß hier nur ein Ausschnitt der Wirklichkeit beschrieben wird. Der Fluch liegt weiterhin auf dem Leben: Jakob und Jona und mit ihnen ungezählte Menschen jagen dem Sinn ihres Lebens nach, die Armen schreien in tausend Ägypten, Hiob liegt in der Asche, Kreuze werden aufgerichtet. »Patriotische« Liebe weiß dies und liebt gerade in der Dunkelheit und gegen die Macht der Finsternis, weiß sich gerade dann gefordert, »wenn der Tag verweht und die Schatten wachsen« (Hld 2, 17). Denn das Licht der barmherzigen, mitfühlenden und einfühlsamen Liebe soll gerade denen leuchten, die im Finstern sitzen und im Schatten des Todes (vgl. Lk 1, 78 f). So wie die erotische Liebe nicht Gegenspielerin der Gottesliebe ist, so wie sich erotisch-natürliche und religiös-mystische Deutung des Hohenliedes nicht aus-, sondern wechselseitig erschließen, so gibt es auch keinen wirklichen Gegensatz zwischen der liebenden Zuwendung zu dem einen und in dieser Weise einzig geliebten Menschen und jener liebenden Zuwendung zur Schöpfung, zu allem was ist und lebt und leidet, die wir mit einem schwachen Wort »Nächstenliebe« nennen. Wenn diese »Nächstenliebe« die Hochform christlichen Liebens ist, so nicht deshalb, weil sie etwa erotische Beziehungen als letztlich eigensüchtig ausschließt, sondern weil sie eine Grundhaltung und eine Wirkungsweise Gottes ist, die sich in sehr unterschiedlichen Formen der Lebensbejahung ausdrückt. Die wunderbaren Betrachtungen und Beschwörungen der Liebe, die der sonst eher nüchterne Theologe Paulus im 13. Kapitel des 1. Korintherbriefes überliefert und die die Tradition »das Hohelied der Liebe« nennt, stecken den Rahmen ab, in dem Christen jede Ausdrucksform der Liebe sehen müssen und sehen können, auch die Liebe, die im alttestamentlichen Hohenlied besungen wird, ganz gleich, ob wir sie erotisch oder religiös verstehen.

Wenn Paulus über die Liebe nachdenkt, dann geschieht das nicht im Zusammenhang seiner ethischen Anweisungen, sondern in seiner Beschreibung der Geistesgaben.[11]

Die Liebe ist ihm eine Weise der Gegenwart und Energie Gottes; sie ist also auch für ihn keine moralische, sondern eine theologische und »sakramentale« Größe – »sie ist Gott selbst unter den Menschen«.[12]

»Wenn ich in den Sprachen der Menschen und Engel redete,
hätte aber die Liebe nicht,
wäre ich dröhnendes Erz oder eine lärmende Pauke.
Und wenn ich prophetisch reden könnte
und alle Geheimnisse wüßte
und alle Erkenntnis hätte;
wenn ich alle Glaubenskraft besäße
und Berge damit versetzen könnte,
hätte aber die Liebe nicht,
wäre ich nichts« (13, 1–2).

Alle Poesie, alle Sprachbegabung und »kommunikative Kompetenz« sind nur leeres Gerede, wenn sie nur Technik sind und nicht Liebe aussprechen und hervorrufen. Alle Kenntnisse der menschlichen Seele und des menschlichen Körpers, alle »Aufklärung« und alles Bemühen, den Menschen und die Welt zu verändern, sind nichts und führen zu nichts, wenn sie nicht in Liebe gründen und Liebe wachsen lassen. Auch daß einer sich selbst aufopfert, verzehrt, ganz in den Dienst einer Idee stellt, bewirkt nichts, wo es nicht aus Liebe geschieht:

»Und wenn ich meine ganze Habe verschenkte,
und wenn ich meinen Leib dem Feuer übergäbe,
hätte aber die Liebe nicht,
es nützte mir nichts« (13, 3).

»Werke« ohne Liebe sind also nichts, und doch gilt, daß man die Liebe nur wahrnehmen kann in ihren Auswirkungen, »daß von der Liebe nur in Begriffen des Handelns gesprochen werden kann: Liebe sind die Taten, das Walten der Liebe«.[13]

»Die Liebe ist langmütig,
die Liebe ist gütig« (13,4a).

Sie sprengt mit langem Atem und gutem Willen für den
anderen die Begrenzungen von Eigensinn und Eigennutz,
sie hat den geduldigen und wohlwollenden Blick, der aus
dem wachsenden Einverständnis mit allem Leben kommt.
Sie widersteht der Versuchung der Schlange mit einem Lächeln, sie verweigert Rivalität:

»Sie ereifert sich nicht,
sie prahlt nicht,
sie bläht sich nicht auf« (13,4b).

Die Liebe heilt den Menschen, versöhnt ihn mit sich und
der Welt. Darum muß der liebende Mensch nicht werden
»wie Gott«; darum muß er nicht in der Konsequenz des
Sündenfalls den Teufelskreis von Gegeneinander, Schuld-
verdrängung und Schuldzuweisung in Gang setzen oder
halten:

»Sie handelt nicht ungehörig,
sucht nicht ihren Vorteil,
läßt sich nicht zum Zorn reizen,
trägt das Böse nicht nach.
Sie freut sich nicht über das Unrecht,
sondern freut sich an der Wahrheit« (13,5–6).

Die Liebe übersieht nicht das Böse noch ist sie verliebt in
dessen Kritik. Sie freut sich vielmehr an der Wahrheit.
Wahrheit ist jedoch keine abstrakte Idee, sondern eine
Haltung, ein roter Faden, der sich durchs Leben zieht;
denn, so heißt es im Johannesevangelium, nicht wer die
Wahrheit weiß, sondern wer sie tut, kommt zum Licht
(vgl. 3,21). Und dieses Licht ist die Freude und Hoffnung
derer, die im Schatten des Todes, der Feindschaft, der Einsamkeit und Angst leben. Die Liebe freut sich an der
Wahrheit: dem Ja-Wort zum Leben, dem Einverständnis

mit dem Willen Gottes für Seine Schöpfung (vgl. Joh 3, 16).

>Sie erträgt alles,
glaubt alles,
hofft alles,
hält allem stand.
Die Liebe hört niemals auf ... (13, 7–8a).

Denn sie ist zugleich die menschlichste und die göttlichste Kraft, die die Welt bewegt und erhält, sie niemals fallen läßt, niemals aufgibt, die der >Schlange des Nichtseins< und den Fluten des Todes widersteht. Obwohl die Macht der Liebe nicht ins Spiel kommt ohne liebende Menschen, sieht Paulus sie nicht als >Erzeugnis< der Liebenden, sondern als die beständige Ankunft Gottes in Seiner Schöpfung. Wo immer Menschen in Liebe die Grenzen des Ichs überwinden, wo sie beginnen, Brot und Zukunft und Zärtlichkeit miteinander zu teilen und füreinander auszuteilen, da nimmt Gott Gestalt an, da kommt Er zur Welt.

Liebesgeschichte wird Glaubensgeschichte

Die Ehe als Sakrament

Das Bekenntnis des alttestamentlichen Hohenliedes zu Zärtlichkeit und erotischer Liebe ist so tief und leidenschaftlich, daß darin auch der leidenschaftlich liebende und geliebte Gott zum Vorschein kam. So ist dieses kleine Büchlein ein sehr altes, biblisch verwurzeltes Zeugnis für die wechselseitige Erschließung von Glaube und Liebe; aber es ist keineswegs der einzige Anknüpfungspunkt für eine Zusammenschau unserer Glaubens- und Liebeserfahrungen. Denn eine solche Verbindung wird auch begründet im kirchlichen Verständnis der (ehelichen) Liebe als »Sakrament«, als Gotteszeichen.

1. *Ehe zwischen Institution und Sakrament*

Die Ehe ist eine uralte menschliche Institution, und obwohl sie sehr unterschiedlich verstanden und gestaltet wurde, wurde sie doch nie in Frage gestellt. Zwar war auch in vergangenen Zeiten die Ehe keineswegs der einzige Ort erotischer Beziehungen, und gewiß war sie nie die Garantie dafür, daß Liebe bestand oder erhalten blieb. Doch die tiefe Skepsis gegen die gesellschaftliche Institution Ehe ist erst in unseren Tagen zu einer weitverbreiteten Haltung geworden. Dabei scheint der Wunsch nach dauerhaften und verläßlichen Beziehungen unverändert groß zu sein; noch immer wünschen sich Menschen einen Menschen und dessen unbegrenzte Liebe. Aber die Zweifel sind übermächtig, ob es solche Liebe geben könne, ob sie bestehen könne angesichts der Realitäten. Und daß staatliche oder

kirchliche Regelungen hilfreich seien, um die Liebe zu bewahren, das wird erst recht bezweifelt.[1]

Die Gründe für diese Skepsis sind vielfältig und können
hier auch nicht weiterverfolgt werden. Ganz vereinfacht
läßt sich aber wohl festhalten, daß die Ehe zugleich an Un-
ter- wie an Überforderung leidet. Sie ist eine unterforderte
Institution, weil sie ihre Bedeutung für die unmittelbare
Versorgung der Menschen fast völlig verloren hat. Aber
wenn sie nur noch von ideellen und nicht mehr von mate-
riellen Interessen gestützt und gehalten wird, so liegt darin
zugleich die Gefahr einer Überforderung. Denn eine Fülle
sehr hoher persönlicher Erwartungen wird nun gebündelt
an die Ehefrau, den Ehemann, die Lebensgefährten gerichtet. Sie sollen nicht nur füreinander verläßliche Begleiter
und miteinander Eltern sein, sondern auch zärtlicher Liebhaber und leidenschaftliche Geliebte, guter Kamerad und
verständnisvoller Freund, Animateur, Berater und Seelsor-
ger. Und vielleicht liegt in dieser Zusammenballung persönlicher Erwartungen die eigentliche »sexuelle Revolution« unserer Zeit.[2] Jedenfalls ist heute in der westlichen
Welt, bei fallenden äußeren Stützen und wachsenden inneren Ansprüchen, die Frage nach der Lebendigkeit, nach
der »Qualität« der Liebesgeschichte, immer wichtiger geworden.

Und damit, so scheint mir, wird sich auch das kirchliche
Interesse an der Ehe verändern müssen. In früheren Zeiten
hatte die Kirche sich vor allem gesorgt um die äußeren Bedingungen und Formen des Zusammenlebens, und sie
hatte allen Grund dazu. Denn die Einführung der »Form-
pflicht«, der kirchlich beglaubigten Veröffentlichung der
Eheschließung, diente dem Schutz der schwächeren Frau;
diese konnte, in einer nicht-öffentlichen Ehe lebend, ja je-
derzeit von ihrem Mann verlassen werden, sie war seiner
Willkür ausgeliefert und rechtlich nicht geschützt, wenn
der Mann das Bestehen einer Ehe leugnete – ein im Mittel-
alter häufig vorkommender Fall. Doch heute umgreifen

staatliche Regelungen alle Lebensbereiche, selbstverständlich auch die Ehe, ja zunehmend auch die nicht-ehelichen Lebensgemeinschaften. Die Kirche sollte und könnte dies auch als Chance begreifen, frei zu werden für die Frage nach der »Qualität der Liebesgeschichte«.[3]
Und damit sind wir bei der Fragestellung dieses Versuchs, in dem es ja weder um Kritik noch Verteidigung der gesellschaftlichen (und m. E. durchaus notwendigen) »Institution« Ehe gehen soll. Nicht in welcher Form Mann und Frau zusammenleben oder zusammenleben sollten im Interesse von Sozial- und Bevölkerungspolitik, aus juristischen oder moralischen Gründen, kann die erste und wichtigste Frage kirchlicher Ehelehre sein. Sie sollte vielmehr danach fragen, was die Liebenden in ihrem Zusammensein entdecken und was sie erhoffen, ob und wie sie miteinander eine Ahnung bekommen von unzerstörbarem Sinn, ob und wie ihnen das Geheimnis Gottes zum Vorschein kommt in ihrer Liebe, die dann zum Sakrament wird, zum Anfang und Hinweis und Zeugnis einer größeren Liebe und Geborgenheit und zur tragenden Kraft auch an bösen Tagen. Weder die »Eindämmung« der vorgeblich »bösen« Geschlechtlichkeit noch die Überhöhung gesellschaftlicher und staatlicher Ansprüche an die Liebenden kann Grund, Sinn und Ziel kirchlicher Ehelehre sein; ihr Grund, Sinn und Ziel ist die Entdeckung Gottes unter den Zeichen von Liebe und Treue zwischen Mann und Frau.

2. *Liebe und Treue – die »beiderlei Gestalten« des Ehe-sakraments*

Es ist nicht allen Traditionen des Christentums selbstverständlich, die Ehe als Gotteszeichen, als Sakrament zu bekennen und damit der erotischen Liebe eine solche »Heiligkeit« zuzusprechen, daß sie zum Spiegel der göttlichen Zuwendung werden kann. Ausgerichtet auf das Kreuz und

durchdrungen von der – natürlich auch richtigen – Gewißheit, daß Gott immer anders und größer ist als unsere Vorstellungen, haben die protestantischen Kirchen es abgelehnt, dem Menschen die Möglichkeit der Abbildung und
Vergegenwärtigung des Göttlichen zuzusprechen. Auch
von der Gnade Gottes gerettet schien er zu erbärmlich, zu
klein für eine »Mittlerrolle«, für sakramentale Deutung. So
lehnt die protestantische Tradition des Christentums jene
Sakramente ab, in denen ein Mensch zum Gotteszeichen
wird, vor allem also das Priestertum und die Ehe. Die katholische Ausformung des Evangeliums war sich hingegen
vor allem der Inkarnation bewußt, der immer neuen Ankunft Gottes und Seiner bleibenden Vergegenwärtigung;
Er war nahe und zu erahnen, verborgen in der Wirklichkeit der Schöpfung, ausdrücklich verbunden mit Seinem
Volk, beschworen in den freilich immer gebrochenen Zeichen Seiner Kirche. Es wird, so behauptet der Katholizis-
mus deshalb gegen alle christliche wie nicht-christliche
Skepsis, »in der beglückenden Liebe zwischen Mann und
Frau jene Treue und Liebe zu den Menschen erfahrbar, die
wir in theologischen Kategorien Gnade und Heil nennen«.[4] Das Ja-Wort, das Gott im Leben und Sterben Jesu
Seiner Schöpfung, Seinen Menschen gegeben hat, wird lebendig, glaubwürdig und gegenwärtig im unbedingten,
treuen und zärtlichen Ja, das Menschen einander zu sagen
wagen. »Das Ja-Wort Gottes zum Menschen und das Ja-
Wort des Menschen zum Menschen brauchen einander«[5],
nicht nur, weil unser schwaches und endliches Ja getragen
werden muß vom endgültigen und umfassenden Ja Gottes
zum Leben, sondern auch, weil Sein Ja-Wort nur dann ver-
stehbar und glaubwürdig bleibt, wenn es zum Vorschein
kommt in der liebenden Bejahung der Menschen.
Eine doppelte Bejahung zeigen Liebende einander, und
wenn ihre Liebe zum Sakrament wird, dann zeigen sie sich
zugleich etwas von der göttlichen Zustimmung zu unserem Sein. Das ist zunächst das Ja der Treue; da sagen und

zeigen sich Menschen: »Ich will dich« und meinen damit: »Ich will bei dir sein.« »Es ist gut, daß du da bist.« Kein Mensch kann sich das selber sagen. Doch in der sakramentalen Liebe geben Menschen einander ein solches Ja-Wort, und dabei werden sie sich zu Zeugen für das Ja-Wort Gottes.[6]

Dies ist es, was Treue meint. Treue ist also nicht nur und nicht einmal zuerst der Verzicht auf sexuelle Beziehungen mit Dritten. Sie ist »die dauernde Verpflichtung, den anderen anzunehmen ... das Versprechen, sich dauernd zu bemühen, die Hindernisse und die Distanz zu überwinden«[7], die zwischen den Liebenden noch liegt und sich immer wieder auftut. Solche Treue ist leidenschaftliches Bemühen, Liebe wach und lebendig zu halten; sie ist Kampf gegen Langeweile und gedankenlos-undankbare Gewohnheit. In solcher Treue demonstrieren Christen einander und der »Welt«, daß und wie Gott die Treue hält. Wo solche »menschliche Treue gelingt, ist Gottes Gnade am Werk«.[8]

Diese Treue ist also eine Grundhaltung gegenüber dem Leben. Sie ist jener »Patriotismus«, von dem Chesterton schreibt. In jener Liebe, die die sakramentale Ehe meint, kommt sie zwar ausdrücklich zur Geltung, nicht aber ausschließlich. Zur Treue sind wir nicht nur gegenüber der oder dem Geliebten, sondern gegenüber allem Leben, gegenüber der ganzen Schöpfung verpflichtet.

Die zweite Bejahung, die die Liebe meint, ist hingegen in ihrer intensivsten und konsequentesten Form der ehelichen, der unbedingten Zuwendung von Mann und Frau vorbehalten: Es ist die zärtliche und hingebungsvolle Vereinigung zweier Menschenleben. Leider wird diese erotische Bejahung in der kirchlichen Rede von der Ehe weit weniger benannt, beschworen und eingefordert. Wo aber Mann und Frau einander zärtlich sagen und zeigen: »Ich will dich«, da meinen sie, wenn ihre Liebe tief ist und echt, mehr als: »Es ist gut, daß du da bist, bei mir bist«, sie meinen mehr als: »Ich will für dich da sein.« Sie wünschen sich: »Ich will mit dir eins werden.« Sie bejahen nicht nur das Leben des anderen und nehmen es an, so wie es ist, sondern sie ahnen und beginnen ein neues Leben, nehmen eine neue Einheit an. Und dabei wird ihnen die erotische Zuwendung und die sie ausdrückende zärtliche Umarmung »ein Sakrament, ein Zeichen der Gnade im Element des Leibes«.[9] Wir dürfen entdecken, daß nicht nur Treue und Verläßlichkeit Gotteszeichen sind, sondern daß auch »unsere sexuelle Differenzierung sakramentalen Charakter hat«[10], daß die Verschiedenheit von Mann und Frau eine Offenbarung und Vergegenwärtigung der Liebe Gottes bedeuten kann. Denn diese Verschiedenheit läßt uns leiden an der Isolation und Trennung, sie weckt die Sehnsucht nach einem Gegenüber; aber sie ermutigt uns auch, die Vereinigung zu suchen, und läßt uns etwas ahnen von letzter Einswerdung allen Seins in Gott und mit Gott.

Treues Aushalten dessen, was uns trennt, und liebevoll-zärtliche Überwindung des Trennenden in der Vereinigung von Leib und Seele sind die Kennzeichen sakramentaler Liebe zwischen Mann und Frau. Sie sind Zeichen, Ahnung und Vorgeschmack endgültiger Geborgenheit und Einheit, nicht weniger, allerdings auch nicht mehr. Wer sich bewußt ist, daß Liebe Unendliches andeutet und erahnen läßt, aber nicht schon endgültig und unendlich ist, der wird akzeptieren können, daß kein Mensch und keine Beziehung alles geben kann, daß Menschen einander »Zeichen Gottes« werden können, aber gerade deshalb nicht »wie Gott« sein müssen. Die Liebe zwischen Menschen zu sehen und zu verstehen vor dem Horizont der Liebe Gottes ist dann nicht Überforderung; vielmehr ist es gerade und vielleicht nur »innerhalb eines vorgängigen Glaubens an Gott möglich, die Liebe zu einem anderen Menschen in ihren Erwartungen auf ein menschliches und menschenmögliches Maß zu beschränken«.[11]

Wo in der endlichen Treue und Zärtlichkeit menschlicher

Liebe die endlose und endgültige Treue und Zärtlichkeit Gottes erhofft, erahnt, beschworen und angedeutet wird, da wird dieses Miteinander von Mann und Frau zum Sakrament, da besteht nach dem Verständnis der Kirche und zunächst ganz unabhängig von jedem staatlichen Eherecht und jeder gesellschaftlichen Konvention eine sakramentale Ehe. Allerdings hat die Kirche in ihrer Tradition eine doppelte Konsequenz der treuen und zärtlichen Liebe zur Bedingung gemacht für die »Gültigkeit« und Glaubwürdigkeit des Ehesakramentes: Unauflöslichkeit und »Fruchtbarkeit«. Auf diese ebenso wichtigen wie mißverständlichen Konsequenzen wollen wir jetzt genauer eingehen.

3. *Das unbedingte Ja*

Auch der aufgeklärte Humanismus weiß, daß echte Liebe nicht zu vereinbaren ist mit Beliebigkeit, daß sie kein Geschäft ist zum wechselseitigen Lustgewinn, daß Menschen nicht austauschbar sein sollen.[12] Die kirchliche Bewertung der Treue, die nicht moralisch oder psychologisch begründet ist, geht darüber weit hinaus. Wo Menschen »profitorientiert«, berechnend miteinander umgehen und so noch ihre sexuellen Beziehungen betrachten, da »geht der sakramentale Charakter des Lebens verloren«.[13] Darum wird die nicht berechnende, unbedingte Treue, die, wie die katholische Tradition formuliert, »Unauflöslichkeit«, zum entscheidenden Kennzeichen solcher Liebes- und Lebensgemeinschaft, in der Gott gegenwärtig ist.
Unauflöslichkeit meint eine vorbehaltlose Treue, die die intensivste Verbindung an Leib und Seele nur mit dem einen geliebten Menschen will, und das bis an die Grenzen menschlicher Kraft, bis zum Tode. Dieses Eheverständnis ist häufig kritisiert und selten verstanden worden; es ist weder ein kirchlich verordnetes Erziehungs- und Disziplinierungsmittel noch überhaupt eine moralische Anforde-

112

rung, sondern eine Konsequenz der Gottesliebe und der im Glauben verstandenen Menschenliebe. »Treue ist eine Haltung, die aus der Liebe erwächst; sie ist nicht die Grundlage, sondern eine Folge der Liebe«[14]; eine Folge freilich nicht zuerst der zwischenmenschlichen Liebe und Annahme, sondern des Wissens um die größere und umfassendere Lebensbejahung, die wir im Namen Gottes erinnern. In der von der Kirche vorgesehenen, verheißenen und eingeforderten »endgültigen und unbedingten Weise können sich Menschen nur deshalb gegenseitig annehmen, weil sie bereits endgültig und unbedingt angenommen sind«[15].

Wo die Treue, die Menschen miteinander wagen, zusammengesehen wird mit der Treue Gottes, da kann aus theologischen Gründen gar nicht auf »Unauflöslichkeit« als wesentlichen Zug der Liebe verzichtet werden. Denn Gottes Treue, Sein Ja, gilt Seinen Menschen und Seiner Schöpfung nicht »auf Zeit« oder »auf Probe«, ja nicht einmal auf Gegenseitigkeit. Und Gott kann nur sichtbar werden in solcher menschlichen Liebe, die der Liebe und Treue Jahwes zu Israel entspricht, mit der sich Gott durch Leben und Sterben Jesu bis zur Selbstaufgabe den Verlorenen zuwendet, die uns also niemals fallen läßt. Ob es »unmoralisch« oder unter den heutigen Bedingungen vielmehr sinnvoll ist, intensive Liebes- und Lebensgemeinschaft zunächst zu »proben«, das ist eine ganz andere Frage; zum Gotteszeichen wird die erotische Liebe jedenfalls erst dann, wenn sie unbedingt gewollt ist, wenn ich mein Ja zum Leben und zur Liebe einerseits begrenze auf diese Frau, diesen Mann und andererseits entgrenze für alle Zeit, die mir gegeben sein wird. Befriedigung, Lust, Ekstase, Glück mögen auch in den Beziehungen sein, in denen sich die Liebenden nicht den Treueschwur leisten; doch erst mit der Entschlossenheit zu einem unbedingten Ja wird das Glück der Zärtlichkeit zu einem »gültigen« Sakrament jener Liebe, mit der alles Leben von Anfang an und – wie der Glaube weiß – selbst gegen allen Augenschein umfangen ist, zur »Monstranz« der himmlischen Liebe.

»Unauflöslichkeit« ist also ein unverzichtbares theologisches Deutewort. Und doch wird gerade dieses »Wesensmerkmal« für viele zum Stein des Anstoßes.[16] Und es erscheint auch mir bedenklich und fragwürdig, »wenn man aus der Unauflöslichkeit der Ehe ein moralisches oder kirchenrechtliches Gebot macht: Aus einer Konsequenz des Glaubens macht man damit einen Gegenstand des Wollens; aus einem Werk der Gnade wird ein Werk des Menschen«[17]. Ich muß hier kurz auf die nicht theologische, sondern pastorale oder ganz einfach menschliche Seite der »Unauflöslichkeit« ehelicher Lebensgemeinschaften eingehen, weil sie mit unserer Fragestellung zu tun hat, und zwar grundsätzlicher, als dies auf den ersten Blick erscheinen mag. Das Dilemma der Kirche ist hier, daß sie auf der einen Seite die kostbare theologische Einsicht in den Zusammenhang der göttlichen und der menschlichen Liebe zu wahren hat und deshalb die Unbedingtheit auch in der menschlichen Liebe sucht, und andererseits doch auch erkennen muß, daß der Mensch nicht Gott ist, daß Liebesgeschichten enden und Lebensgemeinschaften zerbrechen. Besonders schmerzhaft belegt wird dieser Zwiespalt durch das Schicksal der Verlassenen. Da müssen Menschen erleiden, daß ihnen Freundschaft und Lebensgemeinschaft aufgekündigt wird, daß sie dem Menschen, den sie lieben, nichts mehr wert sind, daß sie seinen Ansprüchen nicht mehr genügen können oder seiner Selbstverwirklichung im Wege stehen. Sollen diese Menschen das unbedingte Ja trotz dieser Demütigung und Verletzung, durch alle Selbstzweifel und Verzweiflung hindurch aufrechterhalten, ja es gerade in diesem Ernstfall um so nachdrücklicher demonstrieren? Denkt man allein theologisch, so muß man dies von ihnen verlangen – bleibt doch auch der von Seinem Volk verratene und verlassene Gott bei seinem Ja. Doch hat selbst die kirchliche Tradition dies nicht uneingeschränkt verlangt; sie kennt und akzeptiert die »Trennung von Tisch und Bett«, also die praktische Beendigung der Liebes- und Lebensgemeinschaft. Doch sie sieht das »sakramentale Band« fortbestehen.

Das theologische Anliegen ist klar und berechtigt: In der Ehe und mit ihrem unkündbaren Ja soll ein Zeichen gesetzt werden für das unkündbare Ja Gottes auch zu dem, der sich von Ihm abwendet. Doch dagegen bleibt, zunächst auch strikt theologisch, einzuwenden, daß die Tradition mit der Rede von der Hölle ja auch die Möglichkeit des Menschen festhält, endgültig mit Gott zu brechen – auch wenn wir nicht wissen, ob auch nur ein Mensch seine Freiheit in dieser Konsequenz gebraucht hat. Ebenso hat die Tradition – schon eher pastoraltheologisch argumentierend und in den Anfangszeiten der Kirche theologisch nicht unstrittig – den Tod des Ehepartners verstanden als Ende des Treueversprechens. Dies war, auch angesichts der kürzeren Lebensdauer vergangener Zeiten, ein unvermeidliches »menschliches« Zugeständnis, das mit der »reinen Lehre« nicht recht zusammenpaßte: Ist doch das mit der Ehe bezeugte Ja Gottes gerade nicht durch den Tod aufgehoben und darum Hoffnung auf »ewiges«, unzerstörbares Leben in der Gemeinschaft mit Ihm. Wenn man aber damals den vielen verwitweten Christen entgegenkam und sie nicht zu sehr belasten wollte, können dann heute, wo es mehr Geschiedene als Verwitwete gibt, diese nicht ähnliche »Menschlichkeit« auf Kosten der Theorie erwarten? Oder, so argumentieren andere, wenn der körperliche Tod das Ende einer Ehe bedeuten kann, wenn er »Dispens« vom Eheband bewirkt, muß man dann nicht auch die Wirklichkeit des »seelischen Todes« akzeptieren und zugestehen, daß »die Liebestrennung die Partner einer einmaligen Katastrophe unterwirft, die bereits ›etwas‹ mit dem Tode ›zu tun hat‹«[18]? Denn »das Problem der Trennung ist das Problem des Todes zwischen Liebenden«, schreibt der Psychotherapeut Igor A. Caruso. »Die Trennung ist der

Einbruch des Todes in das menschliche Bewußtsein – nicht ›bildlich‹, sondern konkret und buchstäblich. Die Trennung kann ein größeres ›Ärgernis‹ werden als der physische Tod, weil sie – im Dienste des Überlebens – das Bewußtsein von einem Lebenden in einem Lebenden tötet ... die Trennung hat den Geschmack des Todes im Leben«[19], ja sie ist in mancher Hinsicht schlimmer als der körperliche Tod, weil sie »eine Kapitulation vor dem Tod im Leben ist«[20]. Und nicht nur in psychotherapeutischer, auch in christlich-theologischer Sicht ist der seelische Tod ein tieferer Bruch als der des Körpers.

So logisch und berechtigt, so menschlich verständlich und ehrenwert solche Argumentation ist – sie behält etwas Gezwungenes, bleibt Kasuistik. Doch im Blick auf die Praxis Jesu ist solches Drehen und Wenden von Worten und Begriffen gar nicht nötig, um einen Ausweg aus dem Dilemma zu finden. Das Evangelium selbst gibt uns zahlreiche Präzedenzfälle vor, die uns auf eine eindeutige Entscheidung verpflichten. Freilich nicht durch einen fundamentalistischen Biblizismus, den die katholische Kirche immer abgelehnt hat – mit Ausnahme der Scheidungsregelung. Da behaupten Kirchenmänner, es habe bei aller berechtigten Sorge um die Menschen doch zuerst um »die unbedingte Treue gegenüber dem Willen Jesu«[21] zu gehen; und gleichzeitig besitzen sie ohne Gewissensbisse zwei Mäntel und verurteilen gewiß nicht jene Christen, die eine Waffe tragen, um dem Bösen Widerstand zu leisten. Mit welcher Begründung messen sie mit zweierlei Maß? Wieso verstehen sie das eine Jesus-Wort normativ und versichern angesichts der zahlreichen neutestamentlichen Anfragen an Macht und Besitz, diese seien nicht wörtlich zu nehmen. Sie werden sich fragen lassen müssen, wessen »Geschäft« sie hier besorgen, wessen Interessen sie gewollt oder ungewollt vertreten.

Wenn wir bei Jesus in die Schule gehen wollen, um zu lernen, welche Antwort im Namen Gottes wir denen schul-

den, die an einer zerbrochenen Lebensgemeinschaft leiden, die gedemütigt sind und tief enttäuscht in ihrem Glauben an die Wirklichkeit der Liebe, dann wird uns eine Lektion erteilt in einer ganzen Reihe von Heilungswundern. Und die Sünde, um die es geht, ist nicht die der Bosheit oder auch nur moralischen Unvollkommenheit der Menschen, sondern die der Verletzbarkeit, ja Zerstörbarkeit unserer Lebenshoffnung. Heilungsgeschichten also geben die Antwort, genauer gesagt solche Heilungswunder, in denen der Konflikt deutlich wird zwischen altehrwürdiger, überlieferter Wahrheit einerseits und dem Elend des Menschen andererseits: Es sind jene Erzählungen, in denen Jesus am Sabbath heilt.[22] Dabei lassen die Überlieferungen keinen Zweifel daran, auf welcher Seite Jesus steht. Immer gilt, daß der sicherlich gute und heilige Sabbath für den Menschen da sein muß und niemals der Mensch für den Sabbath. Kein Sabbath, kein Sakrament, kein noch so hohes theologisches Gut rechtfertigen menschliches Leiden, das Lebenssinn zerstört. Unnachahmlich wird dies in einer kleinen Szene im Markusevangelium (3,1ff) zusammengefaßt: Den Mann mit der verdorrten Hand, mit den verkümmerten Lebens- und Handlungsmöglichkeiten, stellt Jesus in die Mitte, und nicht, wie seine Gegner, den Sabbath. Auch der Sabbath wird an seinen Früchten gemessen, er ist gegeben zum Heil und Leben der Menschen; wo er sich anders auswirkt, da ist eine Umkehr der Bewertungen nötig. »Steh auf! In die Mitte! Strecke deine Hand aus!«, ruft Jesus dem Gelähmten zu, voll Zorn und Trauer über die Ordnungshüter. Kein Liebender wird handeln wie sie, so prinzipientreu und unbarmherzig. Gerade darum heilt Jesus demonstrativ am Sabbath und zeigt und beschwört damit, daß Liebe, Mitgefühl und Mitleiden stärker, weil gottähnlicher, sind als der richtende Umgang miteinander. »Barmherzigkeit«, so heißt es im Jakobusbrief, »triumphiert über das Gericht« (2,13).
Im Blick auf die, die in der Liebe gescheitert sind, kann

dies doch nur bedeuten: ihnen von Herzen das stärkste Heilmittel gönnen und wünschen, das die zerrissene Seele heilen und die in den Schmutz getretene Selbstachtung aufrichten kann – einen Menschen, in dem das Ja-Wort Gottes wieder Gestalt annimmt; einen Menschen, der sagt und zeigt und lebt: Du bist nicht Abfall, nicht Versager, nicht unerwünscht und überflüssig; du bist es wert und würdig, geliebt zu werden – »bei mir bist du schön«.

Damit soll nun nicht das sakramentale Merkmal der Unauflöslichkeit in Frage gestellt werden, im Gegenteil. Es ist und bleibt eine gültige, wertvolle und unverzichtbare Tradition der Kirche, daß die Liebe dann zum Gotteszeichen wird, wenn sie sich zum unbedingten Ja der Liebenden zueinander bekennt. Aber der Mensch ist auch als Sakrament, als Hinweis, Ahnung, Andeutung, Gleichnis und in heiligen Stunden gar Stellvertreter Gottes doch niemals Gott selbst. Als Spiegel des Himmels und Seiner unendlichen Liebe bleibt er ein Teil der Erde und in ihren Grenzen und Endlichkeiten. Zur sakramentalen Existenz können wir, so scheint mir, nur dann befreit und berufen werden, wenn wir zugleich freigesprochen werden vom Vollendungszwang, denn jede »Vergottung ist eine unerträgliche Belastung«[23]. Wer in den Liebenden ein Gotteszeichen sieht, wird auch ihrem Scheitern, ihrer Schuld, erst recht ihrem Leiden, dem sie in der Liebe hilflos ausgeliefert sind, vor allem liebevoll, behutsam, heilend und aufrichtend begegnen.

»Unauflöslichkeit« ist ebenso unverzichtbar wie nicht einklagbar, ist Gnade und nicht einfach Willenssache. Vielleicht müssen wir bei der Frage, welche Liebes- und Lebensgemeinschaft denn gültiges Sakrament sei, die Begrenztheit unserer Maßstäbe und unseres Ermessens akzeptieren und uns zufrieden geben mit der Erkenntnis des Gamaliel (Apg 5, 34ff), »daß etwas, was Gott geschlossen hat, sich in der Tat gerade an seiner Unzerstörbarkeit zeigen wird«[24]. Daß die kirchenrechtlich und dogmatisch als

»sakramental« definierte Ehe unauflöslich ist, ist eine theologische Behauptung, die im Widerspruch steht zur Lebenserfahrung. Daß die unzerstörte, in allen Schwierigkeiten und Dunkelheiten durchgehaltene Lebens- und Liebesgemeinschaft ein Sakrament ist, von Gott und voll Seiner Gnade, ist eine Glaubenswahrheit und Glaubenserfahrung, die viele bezeugen können.

4. Das wachsende Ja

Wir haben die »Unauflöslichkeit« bedacht als ein »Wesensmerkmal« sakramentaler Liebe, das theologisch zwingend notwendig ist und doch zu Schwierigkeiten führt, wo Kirche sich dem Prinzip mehr verpflichtet fühlt als dem Heil und Aufatmen der Kinder Gottes. Über das zweite »Wesensmerkmal« sakramentaler Liebe, die »Fruchtbarkeit«, wird ähnliches zu sagen sein; auch hier verbinden sich in der kirchlichen Tradition wichtige und unverzichtbare Einsichten mit kurzschlüssigen und ärgerlichen Akzentsetzungen und Auslegungen.

»Es liegt im Wesen der Ehe, daß sie nicht bei sich bleiben, sondern fruchtbar werden will«[25] – so formuliert Walter Kasper die katholische Grundthese. Wo zwei Menschen ihr Leben verbinden und doch nicht bereit sind, diese Gemeinschaft für neues Leben zu öffnen, da ist ihr Miteinander kein gültiges Gotteszeichen. Kinder – so haben es Moraltheologie und Kirchenrecht in ihrer wenig liebevollen und darum nicht immer angemessenen Sprache gesagt – sind der erste Ehezweck. Doch wahrscheinlich klingt dieser Satz in seiner deutschen Übersetzung für uns anders, kälter, funktionaler, als er gemeint war. Wenn wir das lateinische Wort »finis« nicht mit »Zweck« übersetzen, sondern, was mindestens ebenso richtig ist, mit »Ziel«, dann gewinnt der Satz bereits einen anderen Klang. Und wenn wir das »erster« biblisch verstehen als »grundlegender«,

»tiefster«, »letztgültiger«, dann kommen wir zu der Aussage, daß die Liebe zwischen Mann und Frau ihr tiefstes und letztes Ziel erreicht in der Eröffnung neuen Lebens, daß darin besonders entschieden, intensiv und konkret das Ja-Wort Gottes zum Leben Gestalt annimmt.

Denn wodurch gelingt Liebes- und Lebensgemeinschaft, wodurch gelingt geteiltes Leben? »Nur durch das, was es sich gemeinsam leisten kann und sich gemeinsam verfügbar macht, oder auch durch das, wofür es sich gemeinsam beanspruchen läßt?«[26] Lebt die Liebe »nur von dem, was sie hat, oder auch von dem, wofür sie da ist?«[27] Im christlichen Verständnis jedenfalls ist Liebe nicht »Egoismus zu zweit«; sie soll es und kann es nicht sein, wenn sie zum Gotteszeichen wird. Die in der Bibel besungenen, erzählten und beschworenen Liebesgeschichten Gottes mit Seiner Schöpfung, Seinem Volk, Seinen Menschen haben jedenfalls nichts von traulicher Abgeschiedenheit und Selbstgenügsamkeit der Liebenden. Gottes Liebe will fruchtbar werden: Israel, aus Liebe befreit von der Sklaverei, muß selber befreiend wirken, neue Freiheitsgeschichten in die Welt setzen. Abraham wird wie jeder gesegnete Mensch zum Segen – für alle. Wem im Dunkel und Todesschatten das Licht aus der Höhe aufstrahlt, der will es weiterleuchten lassen und selbst Licht werden; er lenkt deshalb seine Schritte auf den Weg des Friedens und des Lebens. Und wer weiß, daß im Hause des Vaters eine Wohnung für ihn bereitet ist, daß er eine Heimat und Zuflucht hat, die ihm niemand nehmen kann, daß die Tür immer offensteht, der wird auch selbst Gastfreundschaft üben wollen als Vorgeschmack des Himmels, der wird seine Türen öffnen und Menschen einlassen, nicht nur in sein Haus, sondern in sein Leben.[28] Wer ein Kind aufnimmt und annimmt als ein Geschenk, der bezeugt und empfängt zugleich die schenkende Liebe Gottes, der empfängt und gibt das Ja weiter, das Gott Seiner Schöpfung sagt.

Freilich soll auch die um Kinder bereicherte Liebesgemeinschaft nicht private Zurückgezogenheit bedeuten, einen Egoismus zu dritt oder zu viert, und sie wird es nicht bedeuten, wenn Glauben und Liebe nur weit genug sind. Denn letztlich kann nichts uns Menschen so sehr an diese ganze Erde, ihr Geschick und ihre Zukunft binden wie die Sorge um die Kinder, die auf ihr leben sollen. Mit jedem Kind verknüpfen wir unsere Seele mit der Zukunft der Schöpfung; jedes Kind ist ein menschgewordenes Argument für den Widerstand gegen die Bedrohung und Zerstörung unserer Welt, ein Treueschwur auf das Leben und eine Verschwörung gegen die Übermacht des Todes.

Aber dies ist nur die eine Seite einer sakramentalen Deutung der Fruchtbarkeit der Liebe. Denn wie der christliche Glaube insgesamt aus und in der Spannung lebt von Sendung und Sammlung, Kampf und Kontemplation, Engagement und Erinnerung, so hat auch das liebevolle Ja zum neuen Leben nicht nur eine »politische«, sondern auch eine »mystische« Dimension[29]: »Der wahrhaft Liebende sucht mehr als sich und seine Lust«, schreibt Walter Schubart. »Er sucht selbst mehr als die Geliebte. Er sucht die höhere Einheit aus beiden, die sich im Kinde verbildlicht«[30]. Wo sich Liebende danach sehnen, miteinander und voneinander und füreinander ein Kind zu bekommen, da ist nicht einfach nur dumpfer, vorzeitlicher Fortpflanzungstrieb am Werk. Da ist – bewußt oder unbewußt – die Sehnsucht mächtig und wirklich, für immer mit dem geliebten Menschen eins zu werden, zwei getrennte und unterschiedliche Leben unauflöslich miteinander zu verbinden zu einem neuen. Und diese Sehnsucht, die sich ausdrückt in der zärtlichen Umarmung, will Mensch werden, will Gestalt annehmen in einem neuen Sein, einer neuen Einheit, die mehr ist als die Summe der sich Vereinenden. In ihrem Kind werden Mann und Frau wirklich zu »einem Fleisch«. Und wer aufmerksam ist für das Geheimnis des Lebens und für die Geheimnisse des Glaubens, der wird die verheißende Einheit allen Lebens mit und in Gott vielleicht nie stärker erahnen als im dankbaren Staunen über das geschenkte neue Leben, das aus der Liebe wächst.

Die Offenheit der Liebe für das neue Leben, ja die Sehnsucht nach tieferer und dauerhafterer Verbindung, die ein Kind bedeuten und bewirken kann, ist also ein wesentliches Merkmal sakramentaler Liebe. Menschen lassen durch ihre über sie hinauswachsende Liebe erahnen, wie hingebungsvoll, lebenschaffend Gott ist, wie wirksam und fruchtbar Seine Zuwendung, Sein Geist. Menschen können in dieser wachsenden Liebe erahnen, daß Einheit der Grund allen Seins ist: mit jedem Kind kann der alten Schlange der Entzweiung der Kopf zertreten werden. Auch »jenseits von Eden« erwacht mit und in jedem Menschenkind die Erinnerung an das Paradies. Ein Kind kann das heilige Zeichen der Liebe zwischen Mann und Frau sein, ihr stärkster Ausdruck, ihre dauernde Beschwörung, ihre anschaulichste Vergegenwärtigung. So wie der Wille, den geliebten Menschen unbedingt zu bejahen, eine Konsequenz der Treue ist, so ist die »Fruchtbarkeit«, das Über-sich-hinauswachsen-Wollen, die Konsequenz der zärtlichen Liebe; und das nicht nur körperlich, sondern auch seelisch, vorausgesetzt natürlich, das neue Leben ist gewollt und bewußt angenommen. Es gehört zur echten Liebe, lehrt die Tradition der Kirche und wohl auch die Erfahrung vieler Liebenden, daß sie nicht für sich bleiben, sondern über sich hinauswachsen, die ganze Welt liebend ansehen und annehmen will.

Wer mit Eltern spricht, wird häufig selbst bei solchen, deren religiöses Bewußtsein längst verschüttet ist, eine besondere Aufmerksamkeit für diese Fragen und Erfahrungen feststellen können. In den Ahnungen, Hoffnungen und Sorgen, die verbunden sind mit dem Werden und Wachsen neuen Lebens, sind unzählige Gotteserfahrungen verborgen, überschreiten Menschen liebend, hoffend, besorgt die Grenzen ihres Ichs.

Um so bedauerlicher ist es deshalb, daß bis heute manche

kirchenamtliche Verlautbarung zur Fruchtbarkeit der Liebe nicht über die Seele spricht, sondern vom Unterleib redet: über »natürliche« und »künstliche«, erlaubte und verbotene Mittel und Möglichkeiten der Empfängnisregelung. Ich kann hier nicht den theologischen[31], logisch-ethischen[32] und ideologiekritischen[33] Bedenken nachgehen, die die katholische Sexualmoral gerade an diesem Punkt hervorruft. Es ist wohl nur durch das gebrochene Verhältnis vieler kirchlicher Vordenker und Entscheidungsträger zur Sexualität und zur Frau zu erklären, daß die traditionelle Bewertung der ehelichen Wesensmerkmale Liebe und Fruchtbarkeit sehr unterschiedlich ausfiel. Die Liebe galt mit dem einmaligen Ja-Wort als so gesichert, daß die einzelnen »Akte« nicht unbedingt in einer Atmosphäre der Liebe und Zärtlichkeit »vollzogen« werden mußten – da gab es halt »eheliche Pflichten«. Die »Zeugungsbereitschaft« hingegen mußte nicht nur grundsätzlich anerkannt und bewiesen werden durch die Bereitschaft, die Liebe auch in Kindern fruchtbar werden zu lassen; hier wurde jeder einzelne »Akt« mit dem grundsätzlichen Maßstab gemessen, und bis heute gilt den Bedingungen der Fruchtbarkeit in der traditionellen Moraltheologie und in den päpstlichen Verlautbarungen weit mehr Aufmerksamkeit als den Bedingungen der Zärtlichkeit. Sexualität ohne Liebe und Zärtlichkeit, ohne Einklang der Seelen, schien hinnehmbar im Rahmen der Ehe und mit dem Ziel der Fruchtbarkeit; Sexualität ohne Zeugungsabsicht aber war zu verurteilen.[34] Mir scheint es offensichtlich, daß diese Verlagerung der Aufmerksamkeit auf die biologische Dimension eine wirklich theologische Deutung der fruchtbaren Liebe und ihre Vermittlung behindert, ja verhindert hat. Daß die Liebe zwischen Mann und Frau dann und nur dann zum Gotteszeichen werden kann, wenn sie nicht abgeschlossen, sondern aufgeschlossen ist für das Wachsen der Liebe und des Lebens, das läßt sich eben nicht mit von oben herab diktierten und naturrechtlich begründeten Prin-

zipien verordnen; es muß entdeckt werden im Nachdenken der Liebenden über das, wozu sie ihre Liebe drängt,
und im Nachdenken über die wachsende Liebe unseres
Gottes, der die Welt zum Leben und das Leben zur Welt
kommen läßt und sich dabei in unserem menschlichen
Lieben spiegeln will.

5. *Es begegnen einander Huld und Treue* (Ps 85, 11) –
   ein Fazit

Katholische Welt-Anschauung ist sakramental ausgerichtet: Sie erahnt, erkennt und erinnert die Gegenwart und
Wirklichkeit Gottes in dieser Welt durch Zeiten und Zeichen, Orte und Mittler. Ausdrücklich als Gotteszeichen
benennt und bekennt sie die Liebes- und Lebensgemeinschaft von Mann und Frau. Wo immer Menschen echte
Liebe, Zärtlichkeit und Leidenschaft erfahren, da spüren
sie einen Vorgeschmack des Himmels. Aber damit ihr Lieben ein »gültiges« Vorzeichen und Vorkommen des biblischen und dreieinigen Gottes wird, müssen die Liebenden
sich dazu bekennen, Treue und »Huld«, Verläßlichkeit
und Zärtlichkeit in der Konsequenz zu wollen, die von der
Liebe und Treue Gottes ausgesagt wird. Wer seine Liebe
zum Gotteszeichen werden lassen will, der sagt sein Ja
zum anderen unbedingt, ohne Vorbehalt, der will immer
bei ihm und für ihn da sein. Wer seine Liebe zum Gotteszeichen werden lassen will, der will sie mit dem geliebten
Menschen wachsen lassen über den Rahmen der »Zweier-
beziehung« hinaus; der sagt Ja zum Leben der Schöpfung
und drückt dieses Ja aus im Ja zu einem neuen Leben, das
aus der Liebe wächst und mit dem die Liebe wächst. So gilt
für die sakramentale Liebe, die die kirchliche Tradition
mit dem Stichwort Ehe meint, das, was wir auch von der
»Gnade« Gottes bekennen: Sie ist im Ja des Vaters zum Leben, in der unbedingten Treue und Solidarität des »Soh-

nes« bis hin zu Galgen, Grab und Hölle, sie ist wirksam, fruchtbar, Leben schaffend im »Geist«. Liebende Annahme, Treue bis in den Tod, Wachsen und Fruchtbarwerden sind auch die Kennzeichen sakramentaler Liebe und der Segenswunsch, der sie begleitet. Wo Liebe, Zärtlichkeit, »Huld« und Treue sich so begegnen, wo sich Gerechtigkeit, der Wille, dem anderen gerecht zu werden, und Frieden, der Wunsch, daß der andere heil sei, küssen, da spendet der Herr Seinen Segen, wie der Psalmist sagt (85, 11), und Heil folgt der Spur Seiner Schritte.

Glaubensgeschichte wird Liebesgeschichte

Das Sakrament der Kirche

Die erotische Liebe kann eine theologische Wirkung und Bedeutung haben; in jener Liebes- und Lebensgemeinschaft, die die Tradition der Kirche mit dem Wort »Ehe« meint, kann etwas vorkommen von der zärtlichen und leidenschaftlichen, treuen und lebenschaffenden Zuwendung Gottes zu Seiner Schöpfung. Doch umgekehrt kann auch die religiöse Auffassung des Lebens und ihre Ver-Antwortung durch die Theologie einen starken »erotischen« Zug haben, kann Glaubensgeschichte erfahren werden als Liebesgeschichte. Und die Liebe, die zu Recht Gleichnis der Liebe Gottes ist, ist nicht allein die Liebe des Vaters (oder der Mutter) zu ihren Kindern. Gerade den besonders innig, leidenschaftlich, »mystisch« Glaubenden erschien die Gottesbeziehung als ein geradezu erotisches Verhältnis.[1] Sie wollen sich nicht nur dem guten Vater allen Lebens anvertrauen; sie wollen in Liebe mit Ihm eins werden, in Ihm versinken.

Die biblische Gotteskunde rechtfertigt eine solche Gottesliebe durchaus. Sie erinnert Ihn ja nicht als »unbewegten Beweger«, als fernen Himmelskönig oder als unnachsichtigen Weltenrichter, sondern als den großen Liebenden. Und Seine Liebe, die immer allem Leben und Seiner ganzen Schöpfung gilt, wird demonstriert, sichtbar, konkret in Seiner ebenso leidenschaftlichen wie leidvollen Liebesgeschichte mit den »Menschen Seiner Gnade«, mit Israel, mit der Kirche. Dem großen Liebenden tritt dann Sein Volk gegenüber in der Gestalt der Geliebten, die treulos ist oder auch jungfräulich, voller Sehnsucht ihrer großen Liebe treu.

126

1. Der »Liebhaber des Lebens« (Weish 11,26)

Den Philosophen ist Gott ein Prinzip oder der Garant von Prinzipien. Den Gottesberechnern, den magischen wie den dogmatischen, ist Er eine Formel, mit der man operieren kann. Den Gottbegeisterten und Gottverliebten aber begegnet Er, der Grund allen Lebens, als das über alles geliebte »Du«. Die »Heilsgeschichte« ist ihnen eine Liebesgeschichte: zwischen Jahwe und Israel, zwischen Christus und der Kirche oder auch zwischen Christus und der einzelnen »Seele«, die sich nach Seiner Liebe sehnt. »Gott hat sich in uns verliebt«, dies ist das Geheimnis der Auserwählung. Er begegnet Menschen »als ein Liebhaber, der Sehnsucht hat nach seiner Braut«[2]. Mit Liebesworten und erotischen Bildern wird das Verhältnis zwischen Gott und Seinen Menschen ausgemalt.[3]

Doch es ist keine glückliche Liebe, die mit dem Bund zwischen Gott und Israel beginnt; es »ist der Beginn einer göttlichen Liebesaffäre mit einer wankelmütigen, unzuverläßlichen, aber sehr attraktiven Frau«[4], einer Frau, die sich auf ihre Schönheit verläßt und die sich jedem anbietet, der gerade vorübergeht (vgl. Ez 16,15). Darum ist nicht nur das Liebesglück Gleichnis der »Gefühle« Gottes, sondern auch und noch stärker der Schmerz der enttäuschten und betrogenen Liebe. »Ich bin ein eifersüchtiger Gott« (z. B. Ex 20,3), heißt es in unseren Bibelübersetzungen. Auch wenn man das hebräische »El kana« vielleicht besser übersetzen sollte als »ein leidenschaftlicher Gott«[5], so verdeutlicht doch das anstößige Bild von der Eifersucht Gottes die tiefe Bindung Jahwes an Israel. Seine Eifersucht ist nicht krankhaftes Mißtrauen, keine kleinliche Verdächtigung, sondern die nur zu begründete Enttäuschung des betrogenen Liebenden, der dennoch die Liebe nicht aufgeben will. Solche Eifersucht ist nicht das Gegenteil von Vertrauen, sondern das Gegenteil von Gleichgültigkeit: Israel, dieses Mädchen aus der Gosse (vgl. Ez 16,3ff; Dtn 32,9ff), diese

in unzähligen schmutzigen Affären verkommene Ehebre-
cherin (vgl. Jes 5, 11ff; Jer 2; Hos 2; Ez 16, 15) ist dem
Herrn des Himmels und der Erde so lieb und kostbar, daß
Er ohne es nicht sein will, ihr immer neu verzeiht (vgl.
Hos 3 und 11, 8ff; Ez 16, 60ff; Jes 54, 6ff).

Aufgespürt, miterlebt, durchlitten und zur Sprache gebracht haben diese unglückliche Liebesgeschichte vor allem die Propheten des Alten Bundes. Sie sind nicht nur
Zukunftsdeuter und Warner vor dem, was heute für mor-
gen heraufbeschworen wird, nicht nur unbestechliche Kri-
tiker der religiösen und gesellschaftlichen Mißstände,
nicht nur das Gewissen ihrer Zeit. In ihren Visionen und
wohl auch in ihrem Schicksal spricht sich aus, wie es um
Gott steht[6]: der Prophet zeigt, wie und wo Gott leidet an
der Lieblosigkeit, Gleichgültigkeit und Ungerechtigkeit der
von ihm so geliebten Menschen.

Hosea erlebt am eigenen Leibe, in der eigenen unglückli-
chen Liebesgeschichte nach, wie es steht zwischen Jahwe
und Israel; und er lebt es zugleich vor. Sein Liebesschmerz
ist Demonstration[7], wird zur »Brücke«[8] der Gotteserkenntnis, wird zum Martyrium, zur Leidensgemeinschaft mit einem Gott, der dem Hosea und durch Hosea uns begegnet
als »ein der Liebe Verfallener«[9], ein »dem Menschen Verfallener«[10].

Was Hosea erfahren und die Bibel immer wieder mit ganz
unterschiedlichen Bildern und Gleichnissen festgehalten
hat[11], das hat viele Jahrhunderte später der barocke Dichter und Mystiker Angelus Silesius in dem Satz zusammengefaßt: »Gott liebt mich über sich«[12], ja, mit der Kühnheit
der Liebenden wagte er zu sagen:

»Ich weiß, daß ohne mich Gott nicht ein Nu kann leben;
Werd ich zunicht', er muß vor Not den Geist aufgeben.«[13]

Nicht also durch Überhöhung menschlicher Macht und
Herrschaft gewinnen wir ein angemessenes, »wahres«
Gleichnis Gottes; vielmehr zeigt Er sich uns wie ein Vater,
der die Tür niemals verschließt, wie eine Mutter, die ohne

Berechnung und ohne Vorbehalt liebt. Er zeigt sich aber auch wie ein leidenschaftlicher und sehnsüchtiger Liebhaber, dem die Treulosigkeit und Gleichgültigkeit der Geliebten das Herz zerreißt.

Mir scheint, es liegt auch am Verlust dieser sinnlichen, spannenden, »erotischen« Auffassung unserer Gottesbeziehung, daß unsere Frömmigkeit häufig so banal und kalt geworden ist, daß unser Glaube mit seiner Sinnlichkeit oft auch seine Sinnhaftigkeit verloren hat. »Wer mir nah ist, ist dem Feuer nah«, wird außerbiblisch als Wort Jesu überliefert. Der Gott unseres Glaubens ist weder unbewegt noch unerbittlich, weder gleichgültig noch gemütlich; er ist verzehrendes Feuer, Leidenschaft, die entflammen und anstecken will, die ein Feuer auf die Erde werfen will – »wo Gott ein Feuer ist, da ist mein Herz ein Herd«[14], erfuhr Angelus Silesius. »Liebhaber des Lebens« (Weish 11,26), so lautet einer der schönsten Namen, mit dem die Bibel Gott ruft – »es soll auch unser Name sein, jetzt und immerdar«[15].

2. *Die jungfräuliche Braut*

Wenn Gott vorgestellt wird als werbender, leidenschaftlicher, treuer Liebhaber, dann erscheint Sein Gegenüber, Sein Volk, in weiblicher Gestalt, als Seine Geliebte. Ganz selbstkritisch bezeichnet Israel sich im Alten Testament als Frau, die diese große Liebe immer wieder verraten hat. Doch wir finden auch die Vision der reinen Liebe, der »jungfräulichen Braut«. Als Israel am Boden liegt, da verheißt der Prophet Gottes ungebrochene Zuneigung: »Wie der Bräutigam sich freut über die Braut, so freut sich dein Gott über dich« (Jes 62,5). Und die junge Kirche verstand sich als die auferstandene Tochter Zion, als die »Braut des Herrn« (Offb 21,9f).

Die Jungfräulichkeit, die im Bild der Braut beschworen

wird, ist freilich keine asexuelle oder unerotische Lebensform. Die Jungfrau, die Braut ist, hat ihre Liebessehnsucht nicht abgetötet, sondern aufbewahrt. »Der Geist und die Braut aber sagen: Komm« (Offb 22, 17). Jungfräulichkeit ist nicht Geschlechtslosigkeit, sondern erwartungsvolle Treue und angespannte Sehnsucht nach dem Geliebten. Die jungfräuliche Braut will ja nicht keinen Geliebten, sondern nur den einen, den aber unbedingt, ganz und gar, ausschließlich.

Solch leidenschaftliche Erwartung ist weit erotischer als jede unmittelbare Bedürfnisbefriedigung. Die Kirche ist, wenn sie die Braut des Herrn ist, nicht lieb- und leidenschaftslos, sondern sie läßt sich nicht ein mit den »Herren dieser Welt«; ihre Sehnsucht nach der wahren Liebe ist größer als ihr Bedürfnis nach Sicherheit, darum hält sie dem Geliebten die Treue. Und gleiches gilt von der »Seele«, die Braut Christi wird.

Ein besonders einprägsames und ausdrucksvolles Bild solcher Jungfräulichkeit wird uns vorgestellt in der Gestalt Marias. Sie ist in Bibel und Frömmigkeitsgeschichte mehr als eine einmalige geschichtliche Person; sie ist »typisch« für jenes Leben vor, mit und für Gott, zu dem Israel berufen ist. Sie ist, wie Israel und das ganze Gottesvolk verkörpernd[16], die »Geliebte Gottes«, »voll der Gnade«, unendlich geliebt und deshalb unendlich liebevoll. An ihr und durch sie wird sichtbar, daß wahre Jungfräulichkeit nicht die Verneinung von Leidenschaft, Liebe und Hingabe ist, sondern die Freiheit von Herrschsucht und Ichbezogenheit.

Maria ist die jungfräuliche Braut; jungfräulich, weil sie sich nicht einläßt mit den Herren und Machthabern dieser Zeit, und Braut, weil sie dem Ja-Wort Gottes zum Leben mit ihrem Ja-Wort antwortet, es aufnimmt und zur Welt bringt. Maria weiß, daß das Wort nur Fleisch werden kann, wo es angenommen wird als ein Geschenk und nicht empfangen wird »aus dem Blut, nicht aus dem Willen des Fleisches, nicht aus dem Willen des Mannes« (Joh

1,13). Sie ist die jungfräuliche Braut, die nicht auf die eigene Größe pocht und doch auch nicht demütig und sittsam schweigt vor den Mächtigen dieser Welt, sondern im Magnificat – Gott im und unter dem Herzen – den Umsturz aller Wertmaßstäbe und Rangordnungen durch die zur Welt kommende Liebe Gottes proklamiert.

Und so ist Maria nicht nur die Verkörperung Israels, der Gemeinschaft und der Geschichte, aus der der Messias Christus geboren wird; sie ist auch, wie das Konzil sagt, »Vorbild und Urbild der Kirche«[17]. Wie sie ist die ganze Kirche und jede(r) einzelne berufen und herausgefordert, Gott immer neu zur Welt zu bringen. »Ich muß Maria sein und Gott aus mir gebären«, dichtete Angelus Silesius.[18] Und in jeder Erfahrung der Liebe, die wir machen, liegt die Aufforderung zu solcher Fruchtbarkeit; jede Liebeserfahrung hat die Kraft, uns dazu zu ermutigen und zu befähigen.

3. *»Denn gekommen ist die Hochzeit des Lammes«*
   (Offb 19,7)

Gott als der leidenschaftliche Liebhaber des Lebens, Sein Volk, Seine Kirche als ebenso leidenschaftlich ihren Herrn und Geliebten herbeisehnende Braut – das sind starke erotische Bilder für das Geheimnis der Gnade. Aber beide Bilder halten erst die Vorstufe liebender Vereinigung fest, die Brautzeit, nicht die Hochzeit. Und es gibt gute Gründe für diese Zurückhaltung: Noch immer sind Gott und unsere Welt zutiefst verschieden, noch immer geschieht nicht Sein Wille, steht die Ankunft Seines Reiches in Herrlichkeit aus. Daß Gott ganz anders ist und daß die Schöpfung ganz heil werden soll, das sind notwendige Vorbehalte gegen eine »hochzeitliche« Theologie, die den Unterschied zwischen Gott und dieser Welt, zwischen der Kirche und Seinem Reich vergißt. Und doch finden wir in den biblischen Überlieferungen auch Bilder, die von Vermählung und Vereinigung sprechen.

Ursprünglich war dieses Bild der »heiligen Hochzeit« dem Glauben Israels fremd. Es stammte vielmehr aus den Naturreligionen und Fruchtbarkeitskulten, die im Land Kanaan vorherrschten; sie beschworen und vergegenwärtigten in Riten und Festen die Vermählung der himmlisch-männlichen mit den irdisch-weiblichen Lebensmächten, um den ewigen Kreislauf des Lebens in Gang zu halten. Die Propheten Israels führten eine leidenschaftliche Auseinandersetzung mit dieser faszinierenden »erotischen« Weltanschauung. Aber sie taten dies nicht nur durch bedingungslose Konfrontation, es gab auch Versuche, diese Sichtweise des Lebens aufzugreifen, zu verwandeln und in den Glauben an Jahwe zu integrieren.

Gerade der Prophet Hosea hat, vielleicht aus eigener Erfahrung, um den Reiz und die Wahrheit dieser Herausforderung des Väterglaubens gewußt; er weiß, »worin der Zauber des Baalskultes liegt, er weiß um die leidenschaftliche Verfallenheit des Männlichen an das Weibliche«[19]. Doch er verteufelt diese Anziehungskraft nicht, sondern er »tauft« sie und »fängt an, mit den Elementen dieser Erfahrung Jahwe als den großen Liebenden zu künden«[20]. Und so kann Jahrhunderte später, als Israel zerschlagen und alle Hoffnungen Judas fruchtlos und unfruchtbar zu sein scheinen, ein namenloser Gottesbote sein Volk trösten mit dem alten heidnischen Bild der »heiligen Hochzeit«:

»Man ruft dich mit einem neuen Namen,
den der Mund des Herrn für dich bestimmt ...
Nicht länger nennt man dich ›die Verlassene‹
und dein Land nicht mehr das ›Ödland‹.
Sondern man nennt dich ›meine Wonne‹
und dein Land ›die Vermählte‹.
Denn der Herr hat an dir seine Freude,
und dein Land wird mit Ihm vermählt.

Wie der junge Mann sich mit der Jungfrau vermählt,
so vermählt sich mit dir dein Erbauer.
Wie der Bräutigam sich freut über die Braut,
so freut sich dein Gott über dich...
Und dich nennt man ›die begehrte,
die nicht mehr verlassene Stadt‹«

(Jes 62, 2b. 4f. 12b)

Diese Vermählung ist nun freilich kein naturreligiöses Ereignis mehr, keine Verdichtung des neuen Jahres und des mit dem Frühling neu aufblühenden Lebens. Es geht nicht mehr um den Lauf des Werdens und Vergehens, nicht um natürliche Lebenskraft und »Potenz«. Denn Jahwe ist nicht eine Größe im Zusammenspiel der Naturkräfte, sondern der »Erbauer« allen Lebens. Er geht wohl immer wieder auf Seine Schöpfung zu, doch niemals in ihr auf. Und die Fruchtbarkeit, die aus der besungenen Verbindung, aus dem Bund Jahwes mit Seinem Volk erwächst, ist nicht die des Bodens, sondern die der Herzen:

»Denn wie die Erde die Saat wachsen läßt
und der Garten die Pflanzen hervorbringt,
so bringt Gott, der Herr, Gerechtigkeit hervor...«

(Jes 61, 11).

So bedeutet die Zusammenschau der göttlichen und der erotischen Liebe im biblischen Glauben etwas ganz anderes als in den Mythen der Naturreligionen. Jahwe ist nicht ein Element, sondern das Fundament des Lebens. Und die Frucht des Bundes mit Ihm ist nicht (zuerst) Macht und Wachstum, sondern Gerechtigkeit; biblisch verstanden ist das die Fähigkeit, einander gerecht zu werden.

Nur unter diesen Vorzeichen und nicht im Vergleich mit den Liebschaften zwischen heidnischen Gottheiten und Menschentöchtern kann die neutestamentliche Erzählung von der Geburt des Messias aus der Vereinigung der Kraft Gottes mit der jungfräulichen Braut Maria-Israel verstanden werden. Das Leben und Sterben des Christus Jesus ist die Hochzeit, in der sich die göttliche und die menschliche Wirklichkeit vereinen zu einem Leben, einer Einheit. Diese Vereinigung zwischen Himmel und Erde, Ewigkeit und Geschichte, Gott und Menschheit wird nicht erreicht durch den Aufstieg eines Übermenschen zu den Göttern, sondern durch den Abstieg, die Menschwerdung des Ja-Wortes, das Gott uns gibt.

Jesu Leben bis zum Tod am Kreuz war die Hochzeit, in der Himmel und Erde sich berührten, in der ein Mensch wirklich Bild Gottes war; aber wo immer Menschen die Zuwendung Gottes an- und aufnehmen, wo sie Sein Ja-Wort zur Welt bringen, Seine Liebe Gestalt annehmen lassen durch ihr Leben und ihr Lieben, da wird diese einmalige Liebesgeschichte und Vereinigung von Endlichkeit und Unendlichkeit fruchtbar.

Daß sich die Hochzeit des Lebens Jesu fortsetzt in der Geschichte derer, die ihm nachzufolgen suchen, hat das Neue Testament angedeutet im Bild der »Hochzeit des Lammes«, der »ehelichen« Gemeinschaft zwischen Christus und seiner Kirche. Hier ist der Messias vorgestellt nicht in der Rolle des Sohnes, der geboren wird in eine Liebesgeschichte zwischen Gott und Seinem Volk. Hier ist er der Ehemann, der Bräutigam, der Liebhaber der Braut Kirche. Besonders wirkungsvoll wird dieses Modell entworfen im 5. Kapitel des Epheserbriefes, der versucht, die Lehrtradition des Paulus weiterzuführen. Dabei geht es in dem Abschnitt zunächst gar nicht um »Mystik«, ja nicht einmal um Theologie. Vielmehr wird so etwas entwickelt wie eine »christliche Familienethik«, eine Sittenlehre, die nicht besonders originell oder gar radikal ist, sondern weitgehend die ethisch anspruchsvolleren Moralvorstellungen der Antike wiederholt. Aber dann schlägt der Text plötzlich um, wird für wenige Sätze zur tiefgründigen Betrachtung über das Wesen der Kirche. Und erst diese Akzentverschiebung gibt dem Gedankengang seine bleibende Bedeutung. Die

»Ehelehre« des Epheserbriefes bleibt ganz und gar antik und somit zeitbedingt; unangefochten gilt der Mann als der Herr, als der einzig Mündige und Verantwortliche im Familienverband. Mag die paulinische Tradition theologisch noch so oft die Gleichheit der Menschen, auch der Geschlechter, »in Christus« verkünden (z. B. Gal 3,28), in ihren praktischen Anweisungen nimmt sie ganz selbstverständlich »auf die Eheauffassung der Zeit Rücksicht, nach der der Ehemann die unbestrittene Führungsrolle besaß. Die Zeitgebundenheit dieser Aussage sollte man auch nicht um gutgemeinter Aktualisierungsabsichten willen verschleiern oder nicht sehen wollen«[21]. Nicht eine bestimmte Zuordnung von Mann und Frau kann mit dem Verweis auf die Nachfolge Christi für alle Zeiten theologisch begründet werden[22]; theologisch bedeutsam ist vielmehr, daß und wie die eheliche Liebe, also ein durchaus »erotisches Verhältnis«, als Gleichnis dient für die Beziehung zwischen Christus und der Kirche.

Schauen wir also mit theologischem und nicht moralischem Interesse – mit Aufmerksamkeit nicht für die Ordnung der Ehe, sondern für das Geheimnis der Kirche – auf den Text Eph 5,22 ff. Die gängigen familiären Strukturen werden nicht in Frage gestellt, sondern in einen neuen Zusammenhang gerückt. Allein das Gleichnis der in Christus menschgewordenen Liebe Gottes begründet im Miteinander von Mann und Frau »Herrschaft«, Verantwortung und Gehorsam, nicht die natürliche oder gesellschaftliche Macht. Die »Unterordnung« der Frau unter den Mann hat wie die Unterordnung der Kirche unter Christus ihren Grund in der »Hingabe«. So wie einst Adam seine Unverletzlichkeit aufgegeben hat, um die Frau vor dem Nicht-Sein zu retten, so hat sich Christus für die Kirche hingegeben. Und durch seine hingebungsvolle Liebe, nicht als deren Voraussetzung scheint die Schönheit der Geliebten auf (V. 27). Dann aber geht der Gedankengang weit über das Bild vom Gegenüber, von wechselseitiger Unterordnung und Hingabe hinaus und spricht von der Einheit der Liebenden.

»Wer seine Frau liebt, liebt sich selbst« (V. 28 b), denn sie ist ja »sein eigener Leib« (V. 29), mit ihm »ein Fleisch« (V. 31), wie im Rückgriff auf die Paradiesgeschichte gesagt wird. Und nun wird diese Vereinigung aufgegriffen und als tiefes Geheimnis des Glaubens bezogen auf Christus und die Kirche (V. 32). Nicht nur ist Christus die Hochzeit, in der göttliche und menschliche Wirklichkeit vereint sind zu einem neuen Leben; sondern die Vereinigung Gottes mit der von Ihm abgefallenen Schöpfung, die Überwindung der Trennung und Entzweiung hat begonnen und beginnt immer neu, wo Christus Kirche wird, wo Menschen sich verwandeln lassen durch Seinen Geist in »Seinen Leib«.

Allerdings verliert sich diese mystische Betrachtung nun weder in himmlischen Höhen noch in den Tiefen der Seele. Unvermittelt, beinah unwillig werden wir zurückgerufen aus dem Geheimnis in den Alltag: »Was euch angeht, so liebe jeder von euch seine Frau wie sich selbst, die Frau aber ehre den Mann« (V. 33). Alltägliches Verhalten ist der Prüfstein tieferer Erkenntnis. Die menschliche Liebe ist die Voraussetzung der Erkenntnis der Gottesliebe und ihre Fortsetzung. Und nach dieser Mahnung geht die Predigt weiter, ohne weitere »Geheimnisse« anzudeuten.

Aber halten wir dieses Geheimnis fest, das hier im Bild der ehelichen Liebe bewahrt wird[23]: Auch wenn Gott immer größer ist als unser Herz, unser Bewußtsein, auch wenn das Reich noch nicht offenbar ist und nicht alle Tränen abgewischt sind, auch wenn die Schöpfung noch im Todesschatten liegt – die große Versöhnung hat schon begonnen, das Tor zum Paradies ist schon aufgeschlossen, je mehr ein Mensch sich wandeln läßt aus dem »alten Adam« in den »Leib Christi«. Die Eucharistie – selbst auch Zeichen, Ausdruck und Weg dieser Verwandlung und der verwandelnden Vereinigung von Christus und Kirche – ist die ausdrückliche Erinnerung dieses Geheimnisses. Aber in jeder Liebe zwischen Mann und Frau, in jeder Sehnsucht und jedem Versuch, gegen die Entzweiung »anzulieben«, liegt auch ein Hinweis auf die verheißene und schon anbrechende Einheit von allem, was lebt, in und mit Gott. Und große Gottverliebte haben sogar noch mehr gespürt; nicht nur der Mensch findet sein Ziel und Heil in der Vereinigung mit Gott, auch Er kommt darin an Sein Ziel und findet erst Erlösung in der Vereinigung mit Seiner Schöpfung, Seiner Kirche, meiner Seele:

> »Daß Gott kein Ende hat, gesteh ich dir nicht zu,
> denn schau, er sucht ja mich, daß Er in mir beruh!«[24]

4. *Geliebte Kirche – das »erotische« Sakrament*

Kirche ist nicht die »moralische Besserungsanstalt« Gottes in dieser Welt, sondern Sakrament, Zeichen und Ort Seiner liebenden Zuwendung. Nach ihrem eigenen Selbstverständnis ist sie keine moralische oder pädagogische oder karitative oder soziale Einrichtung, sondern eine sakramentale und theologische, Gott entdeckende und vermittelnde Größe; und gerade darin ist ihr Charakter auch ein »erotischer«. In ihr nimmt die durch und durch erotische, leidenschaftliche und zärtliche Beziehung Gottes zu seiner Schöpfung Gestalt an. Kirche lebt aus der Liebe Gottes, für die Liebe Gottes und in der Liebe Gottes. Ihre Begründung und Ausrichtung, ihre Wirklichkeit und Wirkung ist eine zugleich theologische und erotische. Wo sie das nicht ist, da verdient die Institution, die arbeitet, der Verein, der existiert, die Tradition, die weiterbesteht, den Namen »Kirche«, »aus Liebe Auserwählte« nicht.
Kirche hat ihren Grund in der leidenschaftlichen und sehnsüchtigen Liebe Gottes zu uns, nicht in unserer moralischen Vollkommenheit. Hier geht nicht alle Macht vom

Volk aus, hier geht alle Liebe von Gott aus. Wer als Glaubender rechtfertigen will, warum es Kirche gibt und geben muß, der kann und muß nicht von ihren Leistungen erzählen, sondern von der ungeschuldeten, nicht zu erwartenden und nicht zu erklärenden Liebe Gottes zu uns. Nicht wir haben uns zu Seiner Geliebten gemacht. Er hat uns »erwählt«, obwohl, ja gerade weil wir nicht den Schönheitsidealen der »Herren dieser Welt« entsprechen (vgl. 1 Kor 1,26; Mt 11,25 ff).

Kirche lebt nicht in der Erwartung des Erfolgs, der Macht, des Ansehens, das die Verbindung mit den Herren der Welt verspricht – wenn sie doch so lebt, verliert sie ihre Jungfräulichkeit. Wenn aber der Geist mit ihr ist und sie als jungfräuliche Braut ihren Herrn erwartet, dann ist ihre Hoffnung und ihr Leben viel spannender, sinnlicher, »erotischer« als das Dasein der »Hure Babylon«, die sich lustlos und gleichgültig jedem verkauft, nur um zu überleben.

Kirche erreicht ihre größte Wirkung und ihre letzte Wirklichkeit da, wo sie zum Ort der Vereinigung Gottes mit der von Ihm entzweiten Welt wird, wo sich Christus in Kirche verwandelt und Kirche in den »Leib Christi«. Da wird Kirche immer neu Gott in der Kraft des Geistes empfangen und zur Welt bringen. Was im Glauben von der Liebe zwischen Mann und Frau gesagt werden darf – daß sie nämlich Hinweis und Vorzeichen, Ahnung und Erinnerung größerer und endgültiger Liebe, Zärtlichkeit, Treue und Einheit ist – das gilt auch von der Kirche insgesamt, wenn sie ihren Namen zu Recht trägt. Sie ist noch nicht das Reich der Himmel, aber schon die Geliebte; sie ruht schon an Seinem Herzen, von Ihm umarmt und geküßt:

> »Was will doch Gottes Sohn, daß er ins Elend kömmt,
> und ein solch schweres Kreuz auf seine Schultern nimmt?
> Ja, daß er bis in Tod sich ängstet für und für?
> Er suchet anders nichts als einen Kuß von dir!«[25]

Geliebte Kirche – mit diesem Namen ist kein Triumphalismus zu begründen und keine Forderung nach kritikloser Loyalität. Wer die Kirche bestimmt weiß zu Seiner Braut, der wird sich nicht damit abfinden, daß sie so oft eher prinzipientreu als liebevoll, eher herrschaftlich als jungfräulich erscheint. Geliebte Kirche – dieser Name will den »erotischen« Charakter und das zärtliche Wesen der Begegnung von Gott und Mensch erinnern. Um so zärtlich zu glauben und zu leben, wie wir von Ihm geliebt werden, können wir nicht auf die Erfahrungen der Liebenden und Zärtlichen verzichten, auf ihre »fromme Zärtlichkeit«.

»Fromme Zärtlichkeit«

Den Glauben erfahren auf den Wegen der Liebe

Die biblisch-christliche Tradition sieht in der Liebe zwischen Mann und Frau eine theologisch-sakramentale und in der Gottesbeziehung des Menschen eine erotische Wirklichkeit. Deshalb hat die Zärtlichkeit der Liebenden offenbarende, ja erlösende Kraft; in ihr scheint etwas auf vom endgültigen Heil und Sinn des Lebens. Sie ist deshalb nicht ein Irrweg der Liebe, auf dem der Mensch sich von Gott und seiner Bestimmung entfernt; sie ist freilich auch nicht selbst des Lebens Sinn und Ziel. Die Zärtlichkeit der Liebenden ist weder ein Teufel noch ein Gott, sie ist ein »Engel«. Sie ist nicht das Ziel, aber sie weist darauf hin, sie gibt nicht letzten, unzerstörbaren Sinn, aber sie entzündet und erhält unseren Glauben, daß es solchen Sinn gibt. Weil sie unsere Augen zu öffnen vermag für die größeren Zusammenhänge des Lebens, darum hat die Zärtlichkeit eine religiöse Bedeutung. Und als »fromm« möchte ich sie bezeichnen, weil sie immer eine »praktische«, angewandte, nie nur erdachte und innerliche Lebensweise ist. »Fromme Zärtlichkeit« – darunter verstehe ich die Einübung und Ausübung des Glaubens im Sakrament der leibhaftigen Liebe.

1. *Wo sich Liebe entzündet*

Die Gottes- und Nächstenliebe – nicht als zwei getrennte, sondern als zwei ineinander verschlungene, einander bedingende und bestärkende Haltungen – gelten der biblischen Überlieferung als jene Lebenseinstellung, in der der Mensch sich selbst findet und zum Bild Gottes wird. Die

Liebe verwurzelt das Reich in dieser Welt, treibt die Dämonen aus und reißt die trennende Wand der Feindschaft nieder. Von solcher »Agape« wurde und wird der »Eros« häufig unterschieden; er gilt nicht selten als minderwertige, ja entgegengesetzte Ausrichtung des Menschen. Aber wo lernen wir denn die umfassende Liebe, die von der angeblich eigensüchtigen erotischen Liebe so ganz verschieden sein soll? Solche Liebe kann ja nicht einfach befohlen, angeordnet oder geboten werden. Sie ist ein Angebot, eine Macht, eine Einstellung zum Leben; sie muß entflammt und entfesselt werden. Wo aber wird Liebe entflammt und entfesselt, wo entzündet sich der Funken, was sprengt die Mauern unserer Ichbezogenheit? Nicht eine Idee; denn Liebe ist immer mehr als Idealismus, sie braucht ein »Du«, sie »braucht die Gegenwart und das Einbeziehen eines anderen Wesens; Liebe kann ohne ein Gegenüber nicht bestehen«[1], nicht einmal wirklich entstehen. Denn wo sie nur ideell und allgemein gedacht wird und nicht zumindest ein geliebtes »Du« kennt, da ist sie in Gefahr, zur ideologisch oder religiös überhöhten Eigenliebe zu werden, zu einer zur Gottgefälligkeit hochstilisierten Selbstgefälligkeit.

Linus, der kleine Philosoph und Theologe aus der Comic-Serie »die Peanuts« des amerikanischen Cartoonisten Charles M. Schulz, gibt ein klassisches Beispiel solcher nicht menschgewordenen Liebe, wenn er sagt: »Ich liebe die Menschheit, ich kann bloß die Leute nicht ausstehen.« Liebe wird aber erst »dadurch zur eigentlichen Liebe, daß sie sich nicht auf – im eigenen Gehirn entstandene – Ideen beschränkt, sondern auf wirkliche Menschen übergeht... Die Liebe zur Menschheit... bleibt so lang eine kalte philosophische Abstraktion, bis der Mensch... imstande ist, einen oder einige wirklich mit ihm lebende Menschen zu lieben und mit ihnen ›gemeinsame Welten‹ zu bilden.«[2] Nicht aus Grundsatzerklärungen wächst Liebe, sondern aus und in den leibhaftigen Liebeserfahrungen. Nur liebend wird gelernt, was Liebe ist. Darum weiß die Ehebrecherin, die Jesu Füße mit ihren Tränen wäscht, unendlich viel mehr von der Liebe und damit von der Wirklichkeit Gottes als der bibelfeste Pharisäer (vgl. Lk 7,36).[3]

Vor allem in zwei Beziehungen machen Menschen diese leibhaftigen Liebeserfahrungen: in der Liebe zwischen Mann und Frau und in der zwischen Eltern und Kindern. Wenn solche Liebe tief und echt ist und bis an den Grund der Seele reicht, dann hat sie die Wirkung einer Initialzündung. Liebe, wirkliche Liebe, hat etwas von einer Kettenreaktion; einmal entzündet und in Gang gesetzt, will sie sich ausweiten und vermehren; so wie das Brot, das ausgeteilt wird in Christi Namen und in dem er sich austeilt, sich nicht verzehrt, sondern vermehrt (vgl. Mt 14,13ff; Joh 6,1ff). Natürlich wird die erotische Liebe, wie die Liebe zum Kind, zunächst alle Liebeskraft und Aufmerksamkeit auf den einen geliebten Menschen richten. Aber an dieser Stelle der Welt kann dann ein für allemal die Mauer des Ichs durchbrochen werden. Wer in einer Beziehung angefangen hat, ein Du ebenso, ja mehr zu lieben als sich selbst, wer zunächst auch nur einen Menschen grenzenlos und unbedingt zu lieben wagt, der hat damit begonnen, die ganze Schöpfung und ihren Schöpfer zu lieben.

Wenn wir den »Engel der Zärtlichkeit« weder verteufeln noch anbetend vor ihm niederfallen, sondern uns von ihm auf einen Weg schicken lassen, dann kann es gelingen, »sexuelle Erfahrung mit anderen Bereichen unseres Lebens zu verknüpfen und endlich Leiblichkeit, Gemeinschaft und den Kosmos in eine große Vision der Liebe zu integrieren«[4]. Die Liebe auch nur eines Menschen kann mich verwandeln, weil und indem sie die Welt verwandelt, in der ich lebe. Der Stein ist weggewälzt vom Grab der Einsamkeit, die Seele kann auferstehen durch Liebe und zur Liebe. Wer diese Befreiung erfahren hat, der kennt auch das Gefühl, die ganze Welt umarmen zu wollen. Dies Gefühl zeigt an, wie echte, verläßliche Liebe Lebenssicht und

Bewußtsein verändern kann, wie sie, an einem Menschen entzündet, dazu drängt, »sich auch anderen als der Geliebten mitzuteilen. Sie weitet sich zur Nächstenliebe, zur All- und Gottesliebe. Das ist der Kreislauf der Erotik. Sie zieht nur dann von Gott ab, wenn sie ihren Kreis nicht rundet«[5].

Liebe verändert unser Lebensgefühl und unser Verhalten. Aber sie schafft auch neue Möglichkeiten der Erkenntnis, sie hat »kognitive Kraft«[6]. Liebend erkennen wir das Leben in uns und um uns neu – darum benutzt die alttestamentliche Überlieferung das Wort »erkennen« für die liebende Vereinigung von Mann und Frau (vgl. Gen 4, 1). Wer wirklich liebt, der »wird sehend für die Liebeskräfte des Kosmos. Das bedeutet für eine Religion, die wie die christliche das Wesen Gottes in die Liebe setzt: der Eros öffnet die Augen für die Erkenntnis Gottes«[7]. Liebe kann zu einer Möglichkeit theologischer Erkenntnis werden, ihre Leidenschaft kann eine Wissenschaft des Glaubens sein, so wie umgekehrt Erkenntnis Gottes immer mehr ist als ein intellektueller Denkprozeß, bei dem man zu bestimmten Ergebnissen gelangt; und jede Erklärung des Glaubens hat etwas von einer Liebeserklärung. Nicht nur der Glaube ermutigt und befähigt zum Lieben; die Liebe und das Lieben ermutigen und befähigen auch zum Glauben. »Daß man einen Menschen um Gottes willen lieben kann, wird niemand bestreiten. Aber auch das Umgekehrte ist möglich: Gott zu lieben um eines Menschen willen«[8], Gott liebend zu erkennen, seit, weil und indem man diesen einen Menschen liebend erkennt. Ich liebe Gott, weil es dich gibt, wegen dir, in dir und mit dir – wer dies zu seiner Frau, seinem Kind, seinem Freund sagen kann, der hat viel gewonnen im Glauben und in der Liebe; dessen Zärtlichkeit und Frömmigkeit wird übertroffen wohl nur noch von jener Gnade der Heiligen, die auch den Aussätzigen küssen und den Feind umarmen, weil sie Ihn sogar um dieser Menschen willen und in ihnen lieben.

2. Wo Trennung überwunden wird

In der leibhaftigen und zärtlichen Liebe zu einem Menschen kann die Enge unseres Ichs aufgesprengt werden durch ein »Du«, und die in uns verschlossene Liebe zu allem Lebendigen wird befreit und entzündet. Solche Zärtlichkeit ist der Anfang eines Weges, auf den wir geschickt sind; in ihr liegt aber zugleich der Anfang der Heilung unserer zerrissenen Seele, der Anfang unserer Versöhnung und Erlösung.

Daß wir Erlösung brauchen, sagen uns nicht nur die biblisch-christliche Tradition und die Mythen und Märchen vieler Völker[9], sondern auch psychologische Theorien unserer Tage. »Jenseits von Eden« ist das Leben zum Fluch geworden; fremd ist der Mensch sich selbst, fremd seinen Mitmenschen, entfremdet seiner Welt, fremd und fern erscheint ihm Gott. Vom Mutterleib an sind wir herausgerissen aus der selbstverständlichen Einheit mit der Schöpfung und dem fraglosen Einverständnis mit dem Leben. Mit einem Schrei kommt der Mensch zur Welt und ist seitdem selbst ein »Fleisch gewordener Schrei der Einsamkeit«[10]. Je mehr er sowohl im Lauf der Menschheitsgeschichte wie im Verlauf jedes einzelnen Menschenlebens der Welt denkend und handelnd gegenübertritt, desto stärker wird in ihm das Gefühl und Bewußtsein der Andersartigkeit, der Entfremdung, der Einsamkeit. »Mit dem Menschen beginnt die Urtragödie der Vereinzelung – der Inbegriff seiner Leiden und Sünden. Aller Schmerz ist Trennungsschmerz... Aller Erlösungsdrang ist Sehnsucht... nach der Überwindung des Urleidens der Vereinzelung.«[11]

Wenn wir versuchen, dieser Einsamkeit zu entkommen, und dabei nach bestem Wissen und Gewissen handeln wollen, dann ist uns Heutigen wohl der »regressive« wie der »progressive« Fluchtweg verwehrt. Wir können uns nicht wirklich, unter Aufgabe von Individualität und persönlicher Verantwortung, zurückfallen lassen in den

144

Schoß der »Großen Mutter« Natur, und wir können unser Ich nicht opfern in der Identifikation mit den »Vätern«, den »Führern« und »Gurus«, wie die pseudomessianischen und pseudoreligiösen Bewegungen unseres Jahrhunderts verheißen. Wir können aber auch nicht länger aus der Not eine Tugend machen, indem wir unsere Einsamkeit umdeuten in philosophische oder technologische »Autonomie«; denn damit sind wir nicht weiter gekommen als die Erbauer des »Turms zu Babel« (vgl. Gen 11, 1 ff)[12] – der Fortschrittsglaube steht da als Bauruine, und wir in seinem Schatten sind ratloser und verlassener als zuvor.

Wenn den Menschen weder der Rückfall in vormenschliches Bewußtsein noch seine Erhöhung zum »Gott«, zum »Übermenschen« erlösen kann, wenn weder Kollektivismus noch Individualismus uns mit dem Dasein versöhnen, was bleibt uns dann noch als unser Heil zu suchen in der Zweisamkeit der Liebe, in der wir »ohne Scham« uns eine Blöße geben dürfen und leben können als die, die wir sind? Doch so groß wie die Erwartung ist häufig die Enttäuschung. Wer alles erwartet von der Liebe einer Frau, eines Mannes, den muß diese Liebe enttäuschen, weil nichts und niemand in dieser Welt aus sich heraus letzten Sinn und unbedingte Geborgenheit geben kann. Das »Göttliche« der zärtlichen Liebe kommt nur dort zum Vorschein, wo sie angesehen und angenommen wird wie ein Engel, als Vor-Bote unendlicher Liebe und endgültiger Einheit. Dann allerdings kann die erotische Beziehung zum Modell der religiösen werden auf der Suche nach Erlösung aus der Einsamkeit; in der Spannung und Verschiedenheit zwischen Mann und Frau, in dem Schmerz ihrer Trennung und in ihrer Sehnsucht nach Vereinigung, nimmt die »kosmische« und »ewige« spannungsvolle Beziehung zwischen Gott und Seiner Schöpfung, Jenseits und Diesseits, Gestalt an; »das Wesen des Alls in seiner Gegensätzlichkeit kehrt im Geschlechterverhältnis zusammengezogen und verdichtet wieder«[14].

Der Fluch der Einsamkeit, der Schmerz, daß ich mir selber nicht genug bin, wird vor allem dann brennend spürbar, wenn ich mich verliebe, wenn die anonyme Sehnsucht nach einem »Du« einen Namen bekommt. Und noch in der tiefsten Liebe wird ein letzter Trennungsschmerz sein, wird die Verschiedenheit zweier Menschen, zweier Leiber und zweier Seelen, spürbar bleiben. Und doch kann nirgends mehr als in der Liebe zwischen Mann und Frau[15] die Erfahrung gemacht werden, daß das Verschiedene zusammenkommen und das Getrennte vereint werden kann, daß Zärtlichkeit die Gegensätze aufzuheben vermag für Stunden oder Minuten und wir dann, zu »einem Fleisch« geworden, zurückfinden ins Paradies.[16] Dann wird mir die Frau, die ich liebe und die mir ihre Liebe schenkt, »zu einem Zeichen und zu einem Sakrament dafür, daß die Einsamkeit und Isolation überwunden werden kann«[17]. Und in dem einen »Du« begegnet mir alles, was nicht Ich ist, es wird zum Symbol der Schöpfung, die »in der Person der Geliebten umarmbar geworden«[18] ist, ja, in ihrem Gesicht leuchtet das Angesicht Gottes auf. »In den Küssen der Geliebten brennt das himmlische Feuer, das in uns den Willen zur großen Verwandlung entfacht, den Willen, aus der Enge der Person ins Freie zu kommen.«[19] Nicht im Sturm und Feuer der großen weltgeschichtlichen Ereignisse, nicht im Beben der Erde und den Umwälzungen auf ihr, sondern im leisen Hauch, im Atem des geliebten Menschen dringt der Atem Gottes zumeist an unser Ohr; »du sollst aus deiner Einsamkeit erlöst werden, sagt dieses Rauschen«[20].

Solche Liebe ist mehr als die Verheißung endgültiger Erlösung, sie ist ihr Anfang, der Beginn ihrer Vergegenwärtigung. »Wenn sich zwei Liebende finden, so schließt sich an einer Stelle des Kosmos die Wunde der Vereinzelung«[21], ihre Umarmung ist »ein Anlauf zur Vollendung, ein Vorspiel der Wiederverschmelzung von Gott und Mensch«[22]. Die Erb- und Todsünde des »egozentrischen Getrenntseins« wird gesühnt durch Liebe[23], »das englische Wort atonement (Sühne, Versöhnung) drückt diese Auffassung aus, denn es kommt etymologisch von at-one-ment (zu einem werden), dem mittelenglischen Wort für Vereinigung. Die Sünde des Getrenntseins braucht nicht vergeben, da es sich nicht um einen Akt des Ungehorsams handelt, aber sie muß geheilt werden, und Liebe... ist das Mittel zu ihrer Heilung«[24].

Dieselbe Einsicht findet sich auch wieder in vielen Liedern und Bildern zur Verehrung Marias, die ja erst im bürgerlichen Zeitalter ihre weiblichen Formen und erotische Ausstrahlung verlor[25]: Im Leib, im Schoß einer Frau, die gesegnet ist unter den Frauen und in der die Frauen gesegnet sind, wächst das Heil der Welt, ist die Erlösung beschlossen:

»Den Erde, Meer und Firmament
verehren, loben, beten an,
der dir drei Reiche trägt und lenkt,
Ihn birgt Mariens reiner Schoß...

Beglückte Mutter, reich beschenkt,
in deinem Schoße schließt sich ein
Er, dessen Hand die Welt umfängt,
der Höchste, der das All erschuf«[26].

Dies ist nicht einfach ein Hymnus auf eine einmalige geschichtliche Gestalt oder eine isolierte dogmatische Wahrheit; es ist eine symbolische Verdichtung grundlegender Lebenswirklichkeit des Mannes, aus dessen Blickwinkel die biblisch-christliche Tradition bislang formuliert wurde: Maria ist nicht der Himmel, aber die Himmelspforte, nicht die Erlöserin, aber die Mittlerin, nicht Gott, aber Gottesmutter, Zugang Gottes zur Welt und Zugang der Welt zu Gott. Aus der Weltsicht des Mannes beginnt die Zerstörung der grundsätzlichen Übereinstimmung mit dem Leben und der Verlust des Paradieses der Einheit mit der Erfahrung der Andersartigkeit des Weiblichen, mit der Entfremdung und Entzweiung zwischen Mann und Frau. Aber mit einer Frau, einer neuen Eva, beginnt auch die Wiedervereinigung und die Überwindung der Einsamkeit, in ihrem Schoß nimmt die Erlösung Gestalt an.

Versuchen wir, die erotische Erfahrung, die psychologische Einsicht und das religiöse Bekenntnis zusammenzufassen:

● Seit der Mensch sich als einzelner erfährt und sich bewußt wird, daß er einzigartig ist, nicht einfach ein Teil der Natur oder der Gemeinschaft, seit er nicht mehr eins ist und eins sein kann mit der Mutter oder den Vatergestalten, seitdem ist er herausgerissen aus der fraglosen Übereinstimmung mit der Welt und dem Leben. Seit er die Bedeutung des Wortes »Ich« kennt, ist er einsam, uneins mit sich, erlösungsbedürftig.

● Niemand, der den Zusammenhang mit dem Ursprung verloren und »Ich« zu denken begonnen hat, vermag sich selbst aus seiner Einsamkeit zu erlösen. Jede Selbstbefriedigung, jeder Versuch, sich selbst genug zu sein, die eigene Daseinsberechtigung und Liebenswürdigkeit in sich selbst, aus sich selbst und für sich selbst zu finden und zu begründen, muß scheitern. Letztlich wird sich dadurch nur das Gefühl des eigenen Ungenügens verstärken, und als dessen Folge Ekel oder Zynismus oder die übermächtige Sehnsucht nach einem Du, das mein Ich erlöst.

● Ein Anfang und ein Weg zu solcher Erlösung ist die zärtliche Liebesgemeinschaft von Mann und Frau. Nirgends ist die Trennung zwischen Ich und Du tiefer und schmerzlicher als zwischen den Geschlechtern; aber nirgends ist auch die Möglichkeit größer und leibhaftiger, getrenntes Leben zu vereinen. Nirgends wird die Hoffnung, daß aus Ich und Du ein Wir werden kann, glaubwürdiger, erfahrbarer, fruchtbarer, anschaulicher.

● Wo Menschen sich in zärtlicher Zuwendung nicht besitzen wollen, sondern verschenken, da vermag die Liebe

148

dem Glauben die Augen zu öffnen, so wie dieser Glaube den Liebenden die Augen zu öffnen vermag für das Geheimnis, das sie mit dem geliebten Menschen zugleich berühren. Vor Gott wie neben einem Menschen liegend lernen wir zu sagen: »Ich bin dein, du bist mein«, und die eine Liebe lehrt und meint die andere mit; die eine wie die andere lassen uns die Erlösung ahnen, die Einheit allen Lebens jenseits der Grenzen von Ich und Du, die Einheit in und vor Gott, der der Eine und Einzige ist. Wir erahnen eine Einheit, die nicht mehr die geistlose Gestaltlosigkeit der Urflut ist (vgl. Gen 1, 1), in die wir zurücktauchen und in der unsere Lebensgeschichten versinken, unsere Namen verlorengehen, als wären wir nicht gewesen. Die Einheit, zu der und auf die wir getauft sind, ist die anbrechende Wiedervereinigung des entzweiten Lebens »in Christus«. Es ist die Wiedervereinigung der »menschlichen« und der »göttlichen Natur« in der Annahme der menschlichen durch die göttliche Wirklichkeit, die Wiedervereinigung von Himmel und Erde, Geschichte und Ewigkeit, Vergänglichem und Unvergänglichem im Geist der Liebe. So ist das Sakrament der Zärtlichkeit eine Vorgestalt und eine Ausgestaltung des Sakramentes der Taufe.

3. Was dem Tod widersprechen läßt

Liebe ist grenzenlos, sie ist zumindest grenzenlos gemeint. Der Geist der Liebe will keine Begrenzungen akzeptieren, selbst wenn die Schwäche des Fleisches unübersehbar ist. Liebe durchbricht die Begrenzungen des Ich und die Trennwände zwischen Ich und Du. Doch je weniger sie die Grenzen und Gräben im Leben hinnehmen will, desto schmerzlicher und anstößiger erscheint ihr die Grenze des Lebens selbst, der Tod.
Denen, die als weise gelten, erscheint die Auflehnung ge-

gen den Tod zumeist als Torheit. »Erkenne dich selbst«, sagt Sokrates, und er trinkt den tödlichen Giftbecher mit einem Lächeln. Doch Adam erkannte seine Frau, und Christus starb mit lautem Schrei. Dem Gleichmütigen, der Distanz bewahrt zu seinem und allem Leben, dem es letztlich nur Schein und Trug ist, dem ist die Unabänderlichkeit des Todes nur allzu gewiß. Doch wer dem Leben in leidenschaftlicher Liebe verbunden ist, der verweigert die Versöhnung mit dem Sterben, der klagt es an als Ausdruck der Sünde, der letzten und tiefsten Störung und Zerstörung der gottgewollten Ordnung. Die Wurzel dieser Empörung gegen den Tod ist nicht das Entsetzen über die eigene Endlichkeit, sondern der Schmerz der Trennung, die Trauer um die abgebrochenen Liebesgeschichten und um das Versinken menschlichen Lebens im Reich der namenlosen Schatten, im Vergessen, im Nichts.

Als Israel sich, spät erst und auch dann nur zögernd, fragend, ahnend, glaubend vorwagte über die Todesgrenze, da war nicht die Angst der Lebenden um ihre eigene Zukunft die Antriebskraft, sondern die Trauer und Sorge um die geliebten Toten, verbunden mit der wachsenden Einsicht, daß Gottes Liebe nicht im Tod des Menschen eine Grenze findet und endet. So widerspricht das späte Alte Testament und mehr noch das Neue dem Sterben in der Welt. Und doch ist die Herrschaft des Todes noch ungebrochen; vielleicht war sie nie totaler als heute, wo selbst die Endlösung des Lebens und die Zurücknahme der Schöpfung denkbar und machbar geworden ist, nicht als Gericht Gottes, sondern als Selbstjustiz des Menschen. Woher nehmen wir, lebend in den Tagen der Flut, unseren Mut, der Allmacht und Endgültigkeit des Todes zu widersprechen? Wo findet der Glaube, daß Gott uns niemals vergißt, daß nichts, auch nicht der Tod, uns trennen kann von ihm, Anhaltspunkte, Erinnerungen, Kundschafter und Botschafter?

Die zärtliche Liebe kann uns ein Engel sein im leeren

Grab[27], ein Engel, der uns Hoffnung macht und auf den Weg in die Zukunft schickt. Jede Liebe ist doch eine Entscheidung für das Leben, und die Frucht der Liebe zwischen Mann und Frau, das Kind, ist die denkbar stärkste Vereidigung von Menschen auf die Zukunft des Lebens und der Grund der hartnäckigsten Verschwörung gegen den Tod. Das Sterben eines unbedingt und grenzenlos geliebten Menschen können wir nicht hinnehmen als endgültigen Schlußstrich, denn Liebe, unbedingte, grenzenlose Liebe »stellt Ewigkeitsansprüche«[28] und ist ihrem ganzen Wesen nach »ein Protest gegen ... das Sterben«[29]. Sie muß dem Sterben widersprechen, weil das Sterben, wenn es denn das letzte Wort behält, das vernichtet, was die Liebe glaubt, die Einzigartigkeit, Einmaligkeit und Unersetzbarkeit der Geliebten.

Und darin ist der Tod merkwürdig verwandt mit den Denk- und Verhaltensmustern unserer Leistungs- und Tauschgesellschaft: Er lehrt wie diese, daß nichts unbedingt, vielmehr alles und jeder austauschbar und darum beliebig sei. So ist er nicht nur eine biologische, sondern auch eine gesellschaftliche Größe, er ist, wie Paulus sagt, Todesmacht, die längst vor dem letzten Atemzug die Menschen und ihr Miteinander beherrscht. Kein Mittel hilft gegen diesen Tod, weder Macht noch Ansehen noch Leistung noch Konsum in all seinen Spielarten zwischen Heroin und Eigenheim; wir bleiben bei dem Versuch, ihm so zu entkommen, im Teufelskreis, versuchen Satan mit Beelzebub auszutreiben. Je mehr wir unser Sein retten wollen vor dem Tod durch das, was wir haben – sei es Macht, sei es Können, sei es Besitz –, um so tiefer geraten wir in die Todesfalle, weil nichts davon uns ins Grab begleiten, geschweige denn vor dem Grab retten kann.

Niemand ist unersetzlich, sagt der Tod, jede Stelle wird neu besetzt, das Erbe verteilt; und selbst was du in dich hineingeschlungen hast, damit niemand mehr es dir nehmen kann, wird am Ende doch ein Fraß der Würmer. Es ist belanglos, ob es dich gibt oder nicht; so belanglos bist du wie die kleinen oder großen Rädchen in euren Maschinen, die doch alle ausgewechselt werden, wenn sie sich verschlissen haben; so wird man dich auswechseln in der Maschinerie des Daseins. Und es scheint, als ob mehr und mehr Menschen den Widerstand gegen die Todesmacht aufgeben. So ist es kein Ausdruck aufgeklärter Sicht des Lebens, sondern eher der Resignation und des Rückzugs auf das kleine Glück der paar Jahre, die mir bleiben und die ich bis zum letzten ausbeuten muß, »wenn in unserer Gesellschaft nur noch etwa 40 Prozent der Bevölkerung an ein persönliches Leben jenseits des Todes glauben ... es scheint, als sei die personale Substanz ... derart ausgezehrt, daß sich im Bewußtsein zunehmend die Lebenswirklichkeit der Großstädte ausbreitet: die graue Anonymität, die mechanisierte Sinnlosigkeit, die fast zwanghafte Reduktion des Lebens auf Konsum, Verwertbarkeit und scheinrationale Planbarkeit, und parallel dazu ein Tod, der so belanglos ist, wie man gelebt hat: ein statistisches Kommen und Gehen ohne Sinn und Bedeutung«[30].

Nur eine Gegenerfahrung ist noch wirkungsvoll, nur eine Quelle anhaltenden Widerstands gegen den Tod und zugleich eine Möglichkeit, sich mit der unausweichlichen Endlichkeit unserer Lebensgeschichte aus Fleisch und Blut, Ackererde, Staub und Asche zu versöhnen. Diese Erfahrung erschließt sich, »wenn man einen Menschen an seiner Seite unendlich liebgewinnt. Nur in der Liebe erschließt sich die unendliche Schönheit und absolute Notwendigkeit der Existenz eines bestimmten Menschen«[31]. Die wirklich geliebte Frau, das grenzenlos geliebte Kind kann nicht ersetzt werden nach dem Tod, sondern die Liebe trauert und will den geliebten Toten doch nicht aufgeben, will ihn nie und nimmer vergessen.

Wo sich solche Liebe verbindet mit dem Glauben an den unendlich liebenden Gott oder sich zu diesem Glauben vertieft, da wird sie zum »Engel«, zum Abglanz und Vorschein einer Liebe, die größer ist als die der Liebenden und sie noch über den Tod hinaus und im Tod vereint. Da wird menschliche Liebe, die den Toten nicht vergessen will, solange das Leben und damit die Möglichkeit des Erinnerns währt, zum Sakrament göttlicher Liebe, die niemals vergißt und uns in Ewigkeit behält. In dieser Liebe »taucht man gewissermaßen an den Anfang der Schöpfung zurück und vollzieht von innen her den Entschluß Gottes nach, der von Ewigkeit her wollte, daß es diesen Menschen gibt« und »auch in Ewigkeit geben muß«[32]. Wo menschliche Liebe den Tod nicht hinnimmt als endgültige Trennung und den geliebten Toten nicht aufgibt, wo sie gewagt wird als »Versuch der Ewigkeit«[33], da wird sie zur Herausforderung und zur Beschwörung der endgültigen Liebe, die unser Glaube mit dem Namen Gottes meint, begründet und erinnert. Nicht »der Mensch an sich« ist unsterblich, nicht unser Ich ist ewig – unzerstörbar und untrennbar ist die Verbindung zwischen Gott und den Menschen Seiner Gnade. Nicht als unendliches und unsterbliches Ich, sondern als unendlich und unsterblich von Gott geliebtes Du widersprechen wir dem Tod.

4. *Wenn das Herz zur Ruhe kommt*

Liebe läßt uns aufbrechen, suchen, widerstehen; aber sie läßt uns auch das Ziel der Schöpfung sehen und schmekken. Was ist das Ziel, was ist die Krone der Schöpfung? Keineswegs, wie die gängige Deutung biblischer Schöpfungsgeschichte sagt, der Mensch. Der tritt zwar nach der priesterlichen Welt-Anschauung (Gen 1) als letztes Lebewesen auf die Bühne der Geschichte, und ihm wird besondere Verantwortung zugewiesen; aber mit seiner Erschaffung ist Gottes Lebensentwurf noch nicht am Ziel. Die Krone der Schöpfung ist nicht der Mensch, sondern der Sabbath.

Der Sabbath ist in der biblischen und der sie aus-denkenden jüdischen Tradition nicht einfach der Feiertag im Gegensatz zu den Arbeitstagen; er ist mehr als ein Tag zur religiösen Pflichterfüllung, er ist ein Sakrament zur Deutung und Bestimmung des ganzen Lebens. Erich Fromm sah im Sabbath »die wichtigste Idee innerhalb der Bibel«[34]. Er ist der Tag jener Ruhe, die die alten Gebete den Toten in Ewigkeit wünschen und die nicht Grabesruhe ist, Lähmung, Erstarrung, sondern »Wiederherstellung vollständiger Harmonie«[35] zwischen den Menschen, zwischen Mensch und Natur und damit zugleich zwischen Mensch und Gott. »Der Sabbath ist ein Tag der Freude, weil der Mensch an diesem Tag ganz er selbst ist«[36] und nicht aufgeht in Tüchtigkeit und Geschäftigkeit. Der Talmud nennt den Sabbath die Vorfeier der messianischen Zeit und die messianische Zeit den ewigen Sabbath.

Die Sabbathruhe ist nicht ein Verstummen des Menschen, sondern sein Einstimmen in die Harmonie des Kosmos, in die sich nach jüdischer Ansicht auch der das Sabbathgebot nicht nur gebende, sondern es haltende Gott einläßt. Erlaubt, ja gefordert sind am Sabbath die Kräfte des Menschen, die auf diese Harmonie, auf die Übereinstimmung mit dem Leben ausgerichtet sind und die ihn herausführen aus seiner Vereinzelung. »Am Sabbath lebt der Mensch, als hätte er nichts, als verfolge er kein Ziel außer zu sein, das heißt seine wesentlichen Kräfte auszuüben – beten, studieren, essen, trinken, singen, lieben.«[37]

Schon die Lebensanweisungen der jüdischen Weisen verbinden also den Sabbath mit der leibhaftigen Liebe. Sie gehört zu den Kräften der messianischen Harmonie; in ihr ist etwas von dieser Harmonie und vom Wesen des Sabbaths beschlossen. Selbst unsere ungelenke Alltagssprache bewahrt vielleicht noch eine verborgene Erinnerung an diesen Zusammenhang, wenn sie die körperliche Vereinigung der Liebenden als »miteinander schlafen« bezeichnet. »Miteinander schlafen hat den doppelten Sinn von einander lieben und beieinander ruhen«[38]. Und die Fähigkeit zur Ruhe beieinander und miteinander ist eine gute Gegenprobe, ob die Umarmung mehr war als physische An- und Entspannung. Wenn sich nach leidenschaftlicher Umarmung Ekel einstellt oder Reue, ein schlechtes Gewissen oder auch nur ein gewisser Überdruß, der Wunsch, nun lieber für sich zu sein und seine Ruhe zu haben, dann ging es wohl um Lustgewinn und nicht um wirkliche Sehnsucht nach der Einheit von Leib und Seele mit dem einen einziggeliebten Menschen. Wer wirklich liebt, so scheint mir, der sucht auch dann die Nähe des geliebten Menschen, wenn die Lust befriedigt ist und die körperliche Erregung abklingt. Der liebt in der »Ruhe nach dem Sturm« der Gefühle und Leidenschaften nicht weniger, vielleicht sogar noch bewußter und entschiedener und dankbarer.

Als Gott, so erzählt die Bibel, die Schöpfung aus Liebe ins Leben rief und sie berührte, bis sich ihr Sein Bild ein- und aufprägte, da vollendete Er seine Liebe, als Er zur Ruhe kam. Gott liebt seine Schöpfung nicht nur in der lebensschaffenden Begeisterung, mit der Er heraustrat aus Seiner Selbstgenügsamkeit, damit wir hervorkommen konnten ins Sein. Seine Zustimmung zur Schöpfung hatte Bestand am Sabbath; in der Ruhe der Annahme wurde sie gesegnet und geheiligt. Wer in seinem Leben und Lieben Stunden solcher sabbathlichen Ruhe erfährt, der mag darin, nach aller Aktivität, allem Engagement, aller »Liebesmüh«, etwas erahnen und erspüren von jener nun nicht mehr gestaltenden und verändernden, sondern annehmenden, einfühlenden, dankbaren Zuwendung, mit der Gott alles Leben segnet und vollendet.

5. Wie dem »Engel der Zärtlichkeit« geantwortet wird

An einigen Beispielen habe ich anzudeuten versucht, wo und wie die zärtliche Liebe zwischen Mann und Frau

»fromm« werden kann, Einübung und Ausübung des Glaubens an den uns liebend zugewandten Gott. Wer solchen Glauben mitbringt in eine menschliche Liebesgeschichte, der wird sie besonders bewußt und begeistert leben und erleben können. Aber eine zärtliche und leidenschaftliche Liebe, die den Menschen befreit aus seiner Einsamkeit und Ichbezogenheit, die ihn die Einheit und Harmonie der Schöpfung ahnen und dem Sterben widersprechen läßt, solche Liebe kann auch der Anfang einer Gottesbeziehung sein. Unbestreitbar hat die Religion ethische Konsequenzen; die Gottesbeziehung, wo sie lebendig ist, verändert die Beziehungen zu den Mitmenschen. Aber es kann auch die erotische Liebe »theologische« Konsequenzen haben. Sie kann ein »Wunder« sein und zum »Zeichen« Gottes werden, zu Seinem Engel. Gott sendet Seinen Engel, uns zu befreien aus der Einsamkeit zur Einheit, aus der Ichbezogenheit zum Miteinander, aus der Angst und Enge unseres Herzens zur mutigen Entschiedenheit für das Leben, zur Liebe. Liebe kann nicht geboten, angeordnet, befohlen werden; sie wird geschenkt, entflammt, angesteckt, ins Herz gepflanzt oder herausgefordert durch ein Du. »Fromm« ist in der Liebe nicht der Ängstliche oder der, der zuerst auf die überlieferten Normen schaut; »fromm« ist in der Liebe, wer dem Engel der Zärtlichkeit nicht mit der Skepsis, den Vorbehalten und dem praktischen Unglauben eines alt und müde gewordenen Glaubens begegnet, sondern mit der Dankbarkeit, dem Vertrauen und der Entschiedenheit der Maria.[39]

Der Segen der Liebe

Eine Zusammenfassung

Daß wir die Zärtlichkeit nicht gottlos nennen
daß wir nicht glauben, näher Ihm zu sein
wenn wir nicht lieben.

Und daß wir unser Herz nicht in der Brust verschließen
daß wir Verletzbarkeit riskieren um der Liebe willen
daß liebend wir uns eine Blöße geben dürfen
ohne bloßgestellt zu sein.

Daß uns die Angst nicht in die Enge treibt
und in die Einsamkeit,
daß wir erkennen, unendlich sind wir geliebt
und daß dann Seine Liebe leuchtet
für uns, in uns, aus uns.

Daß liebend wir nicht Herr sein wollen oder Sklave
sondern eins
uns Aug' in Aug' umarmend und erlösend.

Daß wir noch Schönheit kennen
Sehnsucht, Rausch und Traum
daß unsre Zärtlichkeit nicht sprachlos wird
daß wir noch Worte finden, Liebe zu beschwören.

Daß liebevoll und treu
wir Zeichen sind und Zeichen setzen
für Seine Liebe, Seine Treue
für Sein Ja zum Leben.

Daß wir um Seine Leidenschaft für uns,
um Seine Sehnsucht wissen
daß jede Liebe uns erinnert
»Liebhaber des Lebens« ist Sein Name,
und unsrer »die Geliebte«, Seine Braut.

Daß wir um eines Menschen willen
Ihn zu lieben lernen
daß Liebe unsren Glauben stark macht
stärker als das Ich
und stärker als den Tod
daß unsere Liebe Seinen Segen findet.

Amen.

Anmerkungen

Zu den Vorbemerkungen

[1] Schubart, Religion und Eros 1.
[2] Vgl. dazu grundlegend Schmidtchen, Zwischen Kirche und Gesellschaft 56ff. und 88ff.
[3] So auch Zulehner, Heirat – Geburt – Tod 95.
[4] Dies wohl ein Hauptanliegen von A. Greeley, Erotische Kultur.
[5] Darauf zielt A. Grabner-Haider, Eros und Glaube, vgl. etwa 107ff.
[6] Sölle, lieben und arbeiten 181.
[7] Vgl. Drewermann, Psychoanalyse und Moraltheologie Bd. 1, 9.15f. und Bd. 3,250.
[8] Emeis, Die Ehe christlich leben 15.
[9] Diese Ziele nennt das für die Synode der Bistümer Deutschlands erstellte Arbeitspapier »Sinn und Gestaltung menschlicher Sexualität« 6.
[10] Schubart, Religion und Eros 84.
[11] Grabner-Haider, Eros und Glaube 69.
[12] Vgl. ebenda 67 und 154 zur Bedeutung des biblischen »Chesed« – »Huld«.
[13] Schubart, Religion und Eros 1.

Zum 1. Kapitel: *Die zerrissene Seele*

[1] Sölle, lieben und arbeiten 163.
[2] So schon Schubart, Religion und Eros 222.
[3] Vgl. dazu die übersichtliche Zusammenfassung von Gründel, Die eindimensionale Wertung der menschlichen Sexualität 76ff.
[4] Vgl. dazu Schubart, Religion und Eros 16ff.
[5] Vgl. z.B. Gen 19; Lev 20,10; 2 Sam 11; Hos 1–3; Amos 2,7.
[6] So Zenger, Leib und Geschlechtlichkeit 54.
[7] Vgl. etwa die Handlungsanweisungen 1 Kor 11 mit der theologischen Einsicht in Gal 3,28.
[8] Schubart, Religion und Eros 205f.; vgl. auch ebd.203 und 206ff.
[9] Görres, Psychologische Anmerkungen zur Sexualethik 14.
[10] So Schubart, Religion und Eros 211.
[11] Vgl. Gründel, Die eindimensionale Wertung 88.
[12] Vgl. ebd. 88f. und Denzinger-Schönmetz 2109.
[13] Vgl. Grabner-Haider, Eros und Glaube 81.
[14] So in der Erklärung der Kongregation für die Glaubenslehre zu einigen Fragen der Sexualethik »Persona Humana« von 1975.
[15] Vgl. dazu Savramis, Sind Religion und Sexualität unvereinbar? 43ff.; Caruso, Die Trennung der Liebenden 287f.; Schubart, Religion und Eros 220f.

[16] Savramis, Sind Religion und Sexualität unvereinbar? 49.

[17] Schubart, Religion und Eros 213.

[18] Vgl. ebd. 176f.

[19] Vgl. Görres, Psychologische Bemerkungen 28.

[20] Vgl. dazu Zenger, Leib und Geschlechtlichkeit 70f.

[21] Schubart, Religion und Eros 182.

[22] Chesterton, Orthodoxie 98.

[23] Schubart, Religion und Eros 182.

[24] Chesterton, Orthodoxie 85; vgl. auch Schubart, Religion und Eros 242f.

[25] Chesterton, Orthodoxie 92.

[26] Savramis, Sind Religion und Sexualität unvereinbar? 36.

[27] Schubart, Religion und Eros 14; vgl. dazu auch Greeley, Erotische Kultur 111 und Caruso, Die Trennung der Liebenden 22f.

[28] Vgl. dazu insgesamt Greeley, Erotische Kultur 109ff. und 123ff.

[29] Schubart, Religion und Eros 186.

[30] v. Gagern, Das neue Gesicht der Ehe 64.

[31] Ebd.

[32] Ebd. 40.

[33] Ebd. 67.

Zum 2. Kapitel: »*Als Mann und Frau schuf Er sie*«

[1] Darauf verweisen, so Drewermann, Strukturen des Bösen Bd. 1, XXIII, schon die »lexikalischen Bedeutungen des hebräischen Wortes r'sjt, das meist als ›Anfang‹ wiedergegeben wird, an manchen Stellen aber, unter etymologischer Berücksichtigung seiner Ableitung von r's (Haupt), besser mit ›hauptsächlich‹, ›prinzipiell‹, ›grundsätzlich‹, ›wesentlich‹ wiedergegeben würde« (z. B. Jer 49, 35; Spr 1, 7; Ps 11, 10); zur Deutung und Bedeutung von Schöpfungsgeschichten vgl. auch Dickerhoff, Biblische Lebenskunde 13f.17.143.

[2] Beispielhaft herausgearbeitet hat dies Drewermann, Strukturen des Bösen. Die jahwistische Urgeschichte in exegetischer, psychoanalytischer und philosophischer Sicht; vgl. auch Dickerhoff, Biblische Lebenskunde 21ff.

[3] Drewermann, Psychoanalyse und Moraltheologie Bd. 1, 116.

[4] Umfassende Informationen zur Zeit und zum Werk des Jahwisten bei Goldmann, Ursprungssituationen biblischen Glaubens 72ff.

[5] Vgl. dazu neben dem obengenannten Werk Drewermanns Werner, Uraspekte menschlichen Lebens.

[6] Dies ist ja der denkerische Ansatz des Buches Kohelet, das im Bilde Salomos, des klügsten, mächtigsten und reichsten Menschen, den Sinn des Seins sucht und untersucht.

[7] Vgl. dazu Drewermann, Strukturen des Bösen Bd. 2, 52ff.

[8] Vgl. dazu ebd. Bd. 1, 21 und Zenger, Leib und Geschlechtlichkeit 59.

[9] Greeley, Erotische Kultur 16.

[10] Vgl. Sölle, lieben und arbeiten 177.

[11] Greeley, Erotische Kultur 15.

[12] Edgar Morin, Les Stars, Paris 1957, 127 zitiert nach Caruso, die Trennung der Liebenden 31: »Schließlich ist in den bürokratisierten und verbürgerlichten Gesellschaften jener erwachsen, der sich damit abfindet, wenig zu leben, um nicht viel zu sterben. Das Geheimnis der Jugendlichkeit ist jedoch dies: Leben heißt, den Tod riskieren…«

[13] Drewermann, Psychoanalyse und Moraltheologie Bd. 2, 67.

[14] Vgl. Greely, Erotische Kultur 27.89.

[15] Drewermann, Strukturen des Bösen Bd. 1, 390.

[16] Vgl. ebd. 119 zur etymologischen Herkunft des Wortes »böse« von der indogermanischen Wortwurzel »bhou« – »aufblasen«.

[17] Ebd., vgl. dazu auch insgeamt ebd. 56ff.

[18] Ders., Psychoanalyse und Moraltheologie Bd. 3, 211.

[19] Vgl. dazu ebd. Bd. 2, 31: »Der Mensch sündigt im Sinne des Jahwisten nicht durch die Sexualität, sondern gerade umgekehrt: Erst durch die Sünde wird ihm die Sexualität zum Fluch, ja schließlich selbst zur Sünde.« Vgl. auch v. Gagern, Das neue Gesicht der Ehe 65.

[20] Drewermann, Psychoanalyse und Moraltheologie Bd. 3, 182.

[21] Caruso, Die Trennung der Liebenden 68.

[22] Drewermann, Psychoanalyse und Moraltheologie Bd. 3, 27.

[23] Ders., Strukturen des Bösen Bd. 1, 389.

[24] Vgl. Dickerhoff, Biblische Lebenskunde 37 und Er geht uns voran 34.

Zum 3. Kapitel: *Zwischen Gesetz und Gnade*

[1] Drewermann, Psychoanalyse und Moraltheologie Bd. 1, 9; vgl. auch ebd. 101f.

[2] Ebd. 114.

[3] Schubart, Religion und Eros 10.

[4] Dies eine Grundthese der Transaktionsanalyse, vgl. dazu Harris, Ich bin o.k., du bist o.k.

[5] Dies sagt und schreibt Paulus immer wieder gegen die »Gesetzlichkeit«, etwa Röm 2, 17ff; Gal 5,3.

[6] Vgl. dazu Lk 15, 11ff. und Dickerhoff, Biblische Lebenskunde 87ff.28ff.

[7] Eine kleine Begebenheit hat mir dies sehr deutlich werden lassen: In einem Pfarrheim soll Amnesty international eine Ausstellung aufbauen. Als Bilder von Gefolterten aufgehängt werden, verbietet der Hausmeister dies mit der Begründung, solche Bilder gehörten nicht in ein Pfarrheim. Ich gehe mit ihm zu dem großen Kreuz, das selbstverständlich im Pfarrsaal hängt – aber er vermag keinen Zusammenhang zu erkennen.

[8] Vgl. dazu insgesamt Dickerhoff, Biblische Lebenskunde 71ff. 161f.175ff.

[9] Vgl. dazu auch Drewermann, Strukturen des Bösen Bd. 2, 241.

161

Zum 4. Kapitel: *Drei Wege des Glaubens – drei Wege der Liebe*

[1] Vgl. dazu Grabner-Haider, Eros und Glaube 62ff. und Schubart, Religion und Eros 85ff.

[2] Vgl. dazu grundlegend Schubart, Religion und Eros 58ff. und 116ff.

[3] Ebd. 58.

[4] Ebd.

[5] Ebd. 66f.

[6] Ebd. 59.

[7] Ebd. 71.

[8] Ebd. 116.

[9] Drewermann, Psychoanalyse und Moraltheologie Bd. 2, 220; insgesamt dazu ebd. 218ff. und Schubart, Religion und Eros 120ff.

[10] Schubart, Religion und Eros 120; vgl. dazu auch Caruso, Die Trennung der Liebenden 58ff.

[11] Vgl. Sölle, lieben und arbeiten 43f.

[12] A. J. Heschel, Die Prophetie 141; ähnlich ders., Gott braucht den Menschen 119.

[13] Angelus Silesius, Cherubinischer Wandersmann, 1. Buch, Vers 8.

[14] Zitiert bei Schubart, Religion und Eros 114.

Zum 5. Kapitel: *Aus biblischen Liebesliedern*

[1] Vgl. dazu Grabner-Haider, Eros und Glaube 92ff.; Baum, Worte der Skepsis – Lieder der Liebe 29ff.; Loretz, Zum Problem des Eros im Hohenlied 191ff.

[2] Vgl. Gotteslob S. 127.

[3] Dies kritisiert mit durchaus fragwürdigen Vorstellungen über Wesen und Rolle der Frau Adrienne von Speyr in ihren Betrachtungen zum Hohenlied S. 7f., und mit ebenfalls durchaus zu hinterfragenden theologischen Schlußfolgerungen. So weist sie die »fast schreiend« ihr Recht auf Liebe fordernde Frau zurück (7) und setzt dagegen: »Als ob Gott Israel nötig hätte, der Mann das erfahrene Weib« (8).

[4] Sölle, lieben und arbeiten 179.

[5] Vgl. z. B. im Gotteslob Lied Nr. 551.554.558 (alle aus der Barockzeit), 588.

[6] Auch dazu eine kleine Veranschaulichung: Ein junger Kapuziner, den ich im Frühjahr zu einem Eisbecher mit Erdbeeren einladen wollte, lehnte dankend ab; zu dieser Zeit gäbe es nur tiefgefrorene Erdbeeren, und die esse er nicht. Und zur Erklärung dafür fügte er hinzu: »Sonst gibt es keine Erdbeerzeit mehr.«

[7] Vgl. dazu Grabner-Haider, Eros und Glaube 58ff.

[8] Vgl. Gotteslob Lied Nr. 141,1.

[9] Ebd. 555,2.

[10] Vgl. Dickerhoff, Leben in den Tagen der Flut.

[11] Vgl. Wendland, Die Briefe an die Korinther 118f.

[12] Ebd. 119.
[13] Ebd. 120.

Zum 6. Kapitel: *Die Ehe als Sakrament*

[1] Vgl. Zulehner, Übergänge zum Leben 50; ders., Heirat – Geburt – Tod 59ff.
[2] So Greeley, Erotische Kultur 67ff.
[3] Zulehner, Übergänge zum Leben 63; zum geringen Interesse Jesu an den »Rahmenbedingungen« der Ehe vgl. auch Drewermann, Psychoanalyse und Moraltheologie Bd. 3,13f.
[4] Zulehner, Heirat – Geburt – Tod 112.
[5] Emeis, Die Ehe christlich leben 34.
[6] Vgl. dazu Kasper, Theologie der Ehe 40, Emeis, Die Ehe christlich leben 31f., Greeley, Erotische Kultur 202f.
[7] Greeley, Erotische Kultur 187.
[8] Zulehner, Heirat – Geburt – Tod 111.
[9] Sölle, lieben und arbeiten 187.
[10] Greeley, Maria 39; Greeley fügt allerdings ebd. 40 zu Recht ergänzend hinzu, daß nicht alle erotische Begegnung sakramental sein wird und daß ihre Sakramentalität nur dem auf- und einleuchtet, der die gesamte Wirklichkeit sakramental zu sehen vermag.
[11] Drewermann, Psychoanalyse und Moraltheologie Bd. 2, 29; vgl. dazu insgesamt 28f. und 67.
[12] Vgl. dazu etwa Fromm, Haben oder Sein 54.
[13] Sölle, lieben und arbeiten 190.
[14] Drewermann, Psychoanalyse und Moraltheologie Bd. 2, 79.
[15] Kasper, Theologie der Ehe 32.
[16] Vgl. dazu Zulehner, Heirat – Geburt – Tod 98.
[17] Drewermann, Psychoanalyse und Moraltheologie Bd. 2, 72.
[18] Caruso, Die Trennung der Liebenden 14.
[19] Ebd. 20.
[20] Ebd.; vgl. dazu auch Zulehner, Heirat – Geburt – Tod 122ff.
[21] So Kasper, Theologie der Ehe 74.
[22] Vgl. Mk 2,23ff.3,1ff.; Mt 12,1ff.; Lk 6,1ff.14,1ff.; Jo 5,1ff. und dazu Dickerhoff, Biblische Lebenskunde 119ff.
[23] Caruso, Die Trennung der Liebenden 75.
[24] Drewermann, Psychoanalyse und Moraltheologie Bd. 2,75.
[25] Kasper, Theologie der Ehe 26.
[26] Emeis, Die Ehe christlich leben 83.
[27] Ebd.
[28] Vgl. dazu und zur Tugend so verstandener Gastfreundschaft ebd. 79ff.
[29] Vgl. grundlegend Metz, Zeit der Orden 45ff.
[30] Schubart, Religion und Eros 84.
[31] Hinzuweisen ist nicht nur auf das Fehlen einer biblischen Fundierung, sondern auf die theologisch so problematische Kategorie »Natur« und

163

ihre Gleichsetzung mit dem Willen Gottes – schildert die Bibel doch Gott nicht nur als Garant der guten Ordnung, sondern auch im Widerspruch zu ihren Selbstverständlichkeiten vom Pharao bis zum Tod.

[32] Vgl. dazu Schüller, Die Begründung sittlicher Urteile 164ff. und Ginters, Werte und Normen 82ff.

[33] Als »natürlich« werden immer wieder die sehr subjektiven Maßstäbe der Urteilenden behauptet – man denke nur an das, was vergangene Zeiten über die Natur der Frau zu sagen wußten. Oder man vergleiche die Sexualmoral mit der Friedensethik; hier spielen die Mittel (der Empfängnisverhütung) die entscheidende Rolle, dort wird mit dem einen Ziel der Friedenssicherung jedes Mittel akzeptiert.

[34] Vgl. dazu Schubart, Religion und Eros 228.

Zum 7. Kapitel: *Die Kirche als Sakrament*

[1] Vgl. Schubart, Religion und Eros 14.

[2] Greeley, Erotische Kultur 28.

[3] Vgl. dazu ebd. 62.

[4] Ders., Maria 101.

[5] Vgl. ders., Erotische Kultur 63.

[6] Vgl. dazu Dickerhoff, Wege ins Alte Testament und zurück 143ff. und Heschel, Die Prophetie.

[7] Vgl. Weiser, Die kleinen Propheten 37.

[8] Ebd. 13.

[9] Beck, Gottes Traum 9.

[10] Ebd.

[11] Vgl. z. B. die durchaus verwandten, wenn auch nicht mit erotischen Bildern ausgemalten neutestamentlichen Erfahrungen Lk 15,20ff; Joh 3,16; 1 Jo 4,7ff.

[12] Angelus Silesius, Der cherubinische Wandersmann, 1. Buch, V. 18.

[13] Ebd. V. 8.

[14] Ebd. V. 66.

[15] Sölle, lieben und arbeiten 213.

[16] Vgl. dazu Greeley, Maria 113.

[17] Vgl. Lumen gentium 53.63.65. und Greeley, Maria 183 sowie Dickerhoff, Ich sehe dich in tausend Bildern 11 ff.

[18] Angelus Silesius, Der cherubinische Wandersmann Buch 1, V. 23.

[19] Beck, Gottes Traum 9.

[20] Ebd.

[21] Gnilka, Der Epheserbrief 275.

[22] Vgl. ebd. 283f.

[23] Vgl. die in andere Bilder und Vergleiche gefaßte ganz ähnliche Aussage von Röm 6,5ff.; 8,29; 1 Kor 12,12ff. und vor allem 15,28, wobei die Einheitsübersetzung freilich sehr unzutreffend übersetzt, daß Gott über alles und in allem herrscht und nicht, wie im griechischen Text, alles in allem ist; Joh 6,35.48ff.; 15,1ff.

164

[24] Angelus Silesius, Cherubinischer Wandersmann, 1. Buch, V. 277.
[25] Ebd. Buch 4, V. 53.

Zum 8. Kapitel: *»Fromme Zärtlichkeit«*

[1] Sölle, lieben und arbeiten 29.
[2] Caruso, Die Trennung der Liebenden 253; vgl. ganz ähnlich Dosto-jewski, Die Brüder Karamasow 79f. (Bertelsmann/Gütersloh, o.J.).
[3] Leider wird auch diese Stelle in der Einheitsübersetzung scheinbar christologisch, tatsächlich aber moralisierend verengt, indem die sündentilgende Liebe der Frau – entgegen dem eindeutigen Wortlaut des griechischen Textes – nur gesehen wird in der Liebestat an Jesus; aus dem skandalösen: ihr wird viel vergeben, weil sie viel geliebt hat«, wird dann »ihr wird viel vergeben, weil sie mir (Jesus) viel Liebe erwiesen hat«.
[4] Sölle, lieben und arbeiten 185f.
[5] Schubart, Religion und Eros 231.
[6] Sölle, lieben und arbeiten 191.
[7] Schubart, Religion und Eros 241.
[8] Ebd. 232.
[9] Vgl. z. B. ebd. 75ff.
[10] Ebd. 81.
[11] Ebd. 75.
[12] Vgl. Fromm, Haben oder Sein 13ff. und Dickerhoff, Biblische Lebenskunde 28ff.
[13] Caruso, Die Trennung der Liebenden 68.
[14] Schubart, Religion und Eros 82.
[15] Die andere elementare Beziehung zwischen Menschen, die zwischen Mutter (oder, in etwas anderer Form, Vater) und Kind, gründet nicht in der Erfahrung des Unterschieds und der sich anziehenden Gegensätze, sondern in der Erfahrung tiefer Verbundenheit und Nähe, in der des »Weiterlebens« in den Kindern.
[16] Vgl. dazu Greeley, Maria 43f.
[17] Ebd. 44.
[18] Schubart, Religion und Eros 84.
[19] Ebd. 85; vgl. zur Bedeutung der Ekstase als Überwindung der Einsamkeit und Austritt aus der Individualität ebd. 126, Greeley, Erotische Kultur 61. Sölle, lieben und arbeiten 176.
[20] Schubart, Religion und Eros 85.
[21] Ebd 84.
[22] Ebd.
[23] Vgl. dazu Fromm, Haben oder Sein 121.
[24] Ebd.; vgl. auch Drewermann, Strukturen des Bösen Bd. 1, 53ff.; ders., Psychoanalyse und Moraltheologie Bd. 1, 53 ff.; 111ff. 128ff.
[25] Erst die Mariengestalt von Lourdes ist mehr Engel als Frau, hat ihre

weiblichen Formen und ihre erotische Ausstrahlung verloren, was nicht nur eine Folge veränderter theologischer Sichtweisen sein dürfte, sondern auch Ausdruck der Sexualfeindlichkeit des bürgerlichen Zeitalters.

[26] Kleines Stundenbuch S. 345.
[27] Vgl. dazu Dickerhoff, Biblische Lebenskunde 105ff.
[28] Caruso, Die Trennung der Liebenden 192.
[29] Ebd.
[30] Drewermann, Psychoanalyse und Moraltheologie Bd. 3,19.
[31] Ebd. 16f.
[32] Ebd.
[33] Caruso, Die Trennung der Liebenden 192.
[34] Fromm, Haben oder Sein 56.
[35] Ebd 57.
[36] Ebd.
[37] Ebd.
[38] Sölle, lieben und arbeiten 178.
[39] Vgl. Dickerhoff, Biblische Lebenskunde 75ff. und ders., Ich sehe dich in tausend Bildern 3ff.

Literaturangaben

Angelus Silesius, Cherubinischer Wandersmann, in ders., Sämtliche poetischen Werke. Herausgegeben und eingeleitet von Hans Ludwig Held. München 1949.

Alice Baum, Worte der Skepsis – Lieder der Liebe. Prediger – Hoheslied, Stuttgart 1971.

Eleonore Beck, Gottes Traum: Eine menschliche Welt. Hosea – Amos – Micha, Stuttgart 1972.

Igor A. Caruso, Die Trennung der Liebenden. Eine Phänomenologie des Todes, Stuttgart 1968.

Gilbert K. Chesterton, Orthodoxie, München 1909.

Heinrich Dickerhoff, Er geht uns voran. Überlegungen zur Bibelarbeit über Gen 12, 1–4, Deutsche Bibelgesellschaft Stuttgart 1986.

Ders., Ich sehe dich in tausend Bildern. Eine kleine Marienkunde, Würzburg 1988.

Ders., Biblische Lebenskunde, Würzburg 1986.

Ders., Wege ins Alte Testament – und zurück, Frankfurt 1983.

Eugen Drewermann, Psychoanalyse und Moraltheologie. Bd. 1: Angst und Schuld, Mainz ⁴1984. Bd. 2: Wege und Umwege der Liebe, Mainz ³1984. Bd. 3: An den Grenzen des Lebens, Mainz 1984.

Ders., Strukturen des Bösen. Die jahwistische Urgeschichte in exegetischer, psychoanalytischer und philosophischer Sicht. Teil I: Die jahwistische Urgeschichte in exegetischer Sicht, Paderborn ⁴1982. Teil II: Die jahwistische Urgeschichte in psychoanalytischer Sicht. Paderborn ⁴1983. Teil III: Die jahwistische Urgeschichte in philosophischer Sicht, Paderborn ³1982.

Dieter Emeis, Die Ehe christlich leben, Freiburg 1980.

Erich Fromm, Haben oder Sein. Die seelischen Grundlagen einer neuen Gesellschaft, München ⁴1980.

Friedrich E. Freiherr von Gagern, Das neue Gesicht der Ehe, München ³1968.

Rudolf Ginters, Werte und Normen. Einführung in die philosophische und theologische Ethik, Göttingen 1982.

Joachim Gnilka, Der Epheserbrief. Freiburg ²1977.

Albert Görres, Psychologische Bemerkungen zur Sexualethik in: Franz Böckle (Hrsg.) Menschliche Sexualität und kirchliche Sexualmoral – ein Dauerkonflikt?, Düsseldorf ³1980, S. 9–32.

Anton Grabner-Haider, Eros und Glaube. Ansätze einer erotischen Lebenskultur, München 1976.

Andrew Greeley, Erotische Kultur. Partnerschaft und Intimität, Graz 1977.

Ders., Maria. Über die weibliche Dimension Gottes, Graz 1979.

Johannes Gründel, Die eindimensionale Wertung der menschlichen Sexualität. Zur Geschichte der christlich-abendländischen Sexualmoral in: Franz Böckle (Hrsg.), Menschliche Sexualität und kirchliche Sexualmoral – ein Dauerkonflikt?, Düsseldorf ³1980, 74–105.

Thomas A. Harris, Ich bin o.k. – Du bist o.k. Eine Einführung in die Transaktionsanalyse, Reinbek 1983.

Abraham J. Heschel, Gott sucht den Menschen. Eine Philosophie des Judentums, Neukirchen 1980.

Ders., Die Prophetie, Krakau 1936.

Walter Kasper, Zur Theologie der christlichen Ehe, Mainz 1977.

Oswald Loretz, Zum Problem des Eros im Hohenlied, in: Biblische Zeitschrift 1964, 191–216.

Johann Baptist Metz, Zeit der Orden? Zur Mystik und Politik der Nachfolge, Freiburg 1977.

Demosthenes Savramis, Sind Religion und Sexualität unvereinbar?, in: Franz Böckle (Hrsg.), Menschliche Sexualität und kirchliche Sexualmoral – ein Dauerkonflikt?, Düsseldorf [3]1980, 33–50.

Gerhard Schmidtchen, Zwischen Kirche und Gesellschaft. Forschungsbericht über die Umfragen zur Gemeinsamen Synode der Bistümer in der Bundesrepublik Deutschland. Freiburg 1978.

Walter Schubart, Religion und Eros (hrsg. von Friedrich Seifert), München 1944.

Bruno Schüller, Die Begründung sittlicher Urteile. Typen ethischer Argumentation in der katholischen Moraltheologie, Düsseldorf 1973.

Sinn und Gestaltung menschlicher Sexualität. Ein Arbeitspapier der Sachkommission IV der Gemeinsamen Synode der Bistümer in der Bundesrepublik Deutschland.

Dorothee Sölle, lieben und arbeiten. Eine Theologie der Schöpfung, Stuttgart [2]1985.

Adrienne von Speyr, Das Hohelied, Freiburg 1972.

Artur Weiser, Das Buch der kleinen Propheten, Göttingen [6]1974.

Heinz-Dietrich Wendland, Die Briefe an die Korinther, Göttingen [14]1978.

Herbert Werner, Uraspekte menschlichen Lebens nach Texten aus Genesis 2–11, Göttingen 1971.

Erich Zenger, Leib und Geschlechtlichkeit. Biblische und kulturgeschichtliche Aspekte in: Franz Böckle (Hrsg.), Menschliche Sexualität und kirchliche Sexualmoral – ein Dauerkonflikt?, Düsseldorf [3]1980, 51–73.

Paul Michael Zulehner, Heirat – Geburt – Tod. Eine Pastoral zu den Lebenswenden, Wien [3]1981.

Ders., Übergänge zum Leben, Freising 1980.